Daniel Kuhn

Als der Krieg vor der Haustür stand

Daniel Kuhn

Als der Krieg vor der Haustür stand

Der Erste Weltkrieg in Baden und Württemberg

Silberburg-Verlag

www.silberburg.de

Dr. Daniel Kuhn studierte Geschichte, Politik und Volkswirtschaft und promovierte mit dem Thema »Soldatenleben in Württemberg 1871 bis 1914«. Er ist Lehrbeauftragter an der Pädagogischen Hochschule Schwäbisch Gmünd und zudem ein ausgezeichneter Kenner der südwestdeutschen Landesgeschichte.

Für Bonni, die mir jeden Tag Freude schenkt

1. Auflage 2014

Umschlaggestaltung: Christoph Wöhler, Tübingen. Druck: Freiburger Graphische Betriebe, Freiburg im Breisgau. Printed in Germany.

ISBN 978-3-8425-1296-2

Inhalt

Vorwort

Der Erste Weltkrieg ist von enormer historischer Bedeutung. Es sind aber vor allem die kaum behandelten alltags- und sozialgeschichtlichen Aspekte dieses Krieges, die Aufmerksamkeit verdienen. Gerade die Beschäftigung mit Württemberg und Baden, den beiden kleinen südwestdeutschen Ländern im Kaiserreich, lässt den Ersten Weltkrieg in einem ungewohnten Licht erscheinen. Da Baden und Württemberg aufgrund ihrer relativ geringen politischen und wirtschaftlichen Bedeutung wenig Einfluss auf den aktiv gestaltenden politisch-militärischen Prozess nehmen konnten, waren König, Großherzog, Parlamente und Regierungen darauf verwiesen, sich vornehmlich mit der Bewältigung der Kriegsfolgen und der Versorgung von Zivilbevölkerung und Soldaten zu beschäftigen.

Diese beiden Aspekte stehen im Mittelpunkt des vorliegenden Buchs. Auf die klassischen Themen in Zusammenhang mit Darstellungen zum Ersten Weltkrieg wie Truppenbewegungen und Schlachten wurde weitgehend verzichtet. Dennoch werden in jedem der folgenden Kapitel zum besseren Verständnis und zur Einordnung des Geschehens die für die Kriegsjahre wichtigen Ereignisse, die überall im Deutschen Reich zentral für das Leben im und mit dem Krieg waren, sowie das Schlachtgeschehen mit jeweiliger Beteiligung der badischen und württembergischen Truppen kurz dargestellt.

Mein Dank gilt den vielen Autorinnen und Autoren, deren Werke das Fundament dieses Buches bilden. Gerade die Vermittlung ihrer Forschungen ist das Anliegen dieser Publikation. Ganz besonderer Dank gilt Herrn Professor Dr. Reinhold Weber für die konstruktive und hilfreiche Durchsicht des Manuskripts, wie auch meinem Lektor Herrn Torsten Schöll für seine Anmerkungen und Korrekturen und natürlich dem Silberburg-Verlag für die Aufnahme des Bandes ins Verlagsprogramm.

Daniel Kuhn

König Wilhelm II. von Württemberg beim Besuch von Kaiser Franz Joseph I. von Österreich 1909.

Präludium – Wie ein Krieg entsteht

»Den Krieg ausdrücklich und planmäßig gewollt hat keiner – seine Möglichkeit stumm geduldet jeder.«
(Kurt Tucholsky, Der Geist von 1914)

Gegenüberliegende Seite: König Wilhelm II. in seinem Arbeitszimmer in Stuttgart.

Die wenigsten Zeitgenossen rechneten im Sommer 1914 mit einem Krieg, und fast keiner konnte sich vorstellen, dass der im August begonnene Krieg über fünf Jahre dauern würde. Unvorstellbar war es, dass nach einer Friedenszeit von über 40 Jahren die europäischen Nachbarn sich in einem Weltkrieg wiederfinden würden. Fast alles sprach dagegen: die enge wirtschaftliche Vernetzung, die diplomatischen Kontakte und die bislang immer recht besonnen handelnden Regierungen. Wie war es also möglich, dass im Sommer 1914 die »Urkatastrophe des 20. Jahrhunderts« (George F. Kennan) über den europäischen Kontinent hereinbrechen konnte und das »Zeitalter der Extreme« (Eric Hobsbawm) einläutete?

Der Ausgangspunkt für den Beginn des Krieges im Sommer 1914 lag Jahrzehnte früher, in der Gründung des Deutschen Reiches 1871. Als die deutschen Mittelstaaten unter preußischer Führung Frankreich besiegt hatten, gründete man nach längeren Verhandlungen im Spiegelsaal von Versailles das Deutsche Reich. Eine über 40-jährige Friedenszeit folgte dieser Gründung des deutschen Nationalstaates, in der Wissenschaft und Technik gewaltige Fortschritte machten und sich Europa von einer agrarisch geprägten Gesellschaft zu einer modernen Industriegesellschaft wandelte. Auch die Gesellschaft begann sich zu modernisieren, politische Parteien prägten sich aus, die Sozialdemokratie wurde schließlich nach anfänglicher Unterdrückung geduldet. Während in Berlin mit Wilhelm II. von Preußen ein eher schwacher Monarch Deutschland im Ausland vertrat, waren der badische Großherzog und der württembergische König im Inneren gegenüber sozialdemokratischen und liberalen Ideen aufgeschlossener. Überhaupt erlebte der deutsche Südwesten während der Zeit des Kaiserreichs eine Phase wirtschaftlicher Prosperität, die nicht zuletzt durch diese eher liberale Grundstimmung verstärkt wurde.

Die Residenzstadt Karlsruhe vor dem Ersten Weltkrieg.

Die liberale Grundstimmung entstand in Württemberg aus der notwendigen Integration von alt- und neuwürttembergischen Gebieten, dem vorsichtigen Handeln von Regierung und König sowie der kurz nach der Jahrhundertwende erfolgten Verfassungsrevision. In Württemberg paarte sich daher eine liberale Grundhaltung mit einer großen Zustimmung zur Person König Wilhelms II. Stuttgart entwickelte sich am Vorabend des Weltkrieges zu einer Metropole von Kunst und Kultur. Die neu erbaute Oper, das Wirken des Architekten Theodor Fischer, die Einrichtung der Kunstakademie und des Schillerarchivs hoben das kulturelle Leben in Württemberg auf einen neuen Höhepunkt.

Räumlich war Württemberg in ganz unterschiedliche Regionen gegliedert, die sich demographisch, wirtschaftlich und kulturell erheblich voneinander unterschieden. Die Industrie war eher mittelständisch geprägt und hatte ihren Schwerpunkt im mittleren Neckarraum, am Bodensee und rund um Ulm. In diesen Landstrichen genossen die Sozialdemokraten einen gewissen Rückhalt. Oberschwaben, die Alb und Hohenlohe waren stark landwirtschaftlich geprägt, hier fanden sich eher konservative Einstellungen in der Bevölkerung. Der Grad der Verstädterung war im Vergleich mit anderen Regionen recht hoch, insgesamt lebten rund zweieinhalb Millionen Menschen in Württemberg.

In Baden lebten rund zwei Millionen Menschen, die Bevölkerungsdichte lag in beiden Staaten bei 115 Einwohnern pro Quadratkilometer. Die politische Prägung des Landes war mit Württemberg nicht vergleichbar, denn zum einen wirkte die Niederschlagung der Revolution von 1848/49 noch nach, zum anderen waren die Wunden des Kulturkampfes, der in Baden besonders heftig ausgetragen wurde, noch nicht verheilt. Im Kulturkampf stellte sich der Staat gegen die katholische Kirche und versuchte deren Einfluss zurückzudrängen und dies mit besonders repressiven Mitteln, zum Beispiel dem Einsperren unliebsamer Geistlicher. Der Kulturkampf wurde auch deshalb so heftig ausgetragen, weil eine auf dem Land lebende katholische Mehrheit von den eher städtisch geprägten Protestanten diskriminiert wurde. So konnten durch den stark liberalen Charakter des Staates Katholiken in Baden kaum Beamte werden oder sich direkt in Verwaltung und Regierung beteiligen. Diese Verwerfungen in der Bevölkerung konnten bis zum Ausbruch des Ersten Weltkrieges nicht überwunden werden. Industriell stark war Baden vor allem in der Feinmechanik und dem Maschinenbau, die sich im Norden des Landes bündelten; im Süden gab es eine prosperierende Textilindustrie, die landwirtschaftlich geprägten Regionen des Schwarzwaldes und des Odenwaldes betrieben Subsistenzwirtschaft; in Heimarbeit ließ sich ein gewisser Zusatzverdienst erwirtschaften.

Das Militär war in beiden Ländern ähnlich strukturiert. Garnisoniert waren die Truppen in den großen und mittleren Städten. Die Kasernen lagen inmitten der Städte, so dass die Soldaten die Stadtbilder prägten. Das (badische) XIV. Armeekorps war seit der Reichsgründung ein Teil des preußischen Kontingentsheeres, während das XIII. württembergische Armeekorps bis 1914 seine Eigenständigkeit behalten konnte. Im täglichen Dienst wirkte sich die unterschiedliche Rechtsstellung zwischen badischen und württembergischen Truppen aber nicht aus. Mit der Kriegserklärung 1914 verloren die Landesherren den Oberbefehl über ihre Truppen und übertrugen diesen automatisch an Kaiser Wilhelm II. Jegliche frühere Eigenständigkeit wurde mit der Kriegserklärung aufgegeben.

Trotz der prosperierenden wirtschaftlichen Entwicklung, der politisch eher liberalen Einstellungen in beiden Ländern und der kulturellen Blüte gingen Baden und Württemberg keinen »herrlichen Tagen« (Kaiser Wilhelm II.) entgegen – wie der August 1914 beweisen sollte.

Die politische Lage auf dem Balkan war hochexplosiv. Seit Jahrhunderten trafen und treffen dort die Grenzen und Einflussgebiete der Großmächte aufeinander. Um 1910 stellten sich die Allianzen so dar, dass das Königreich Serbien unter dem Schutz Russlands stand, da beide Länder die orthodoxe Religion teilten, ihre Sprachen verwandt sind und Russland sich traditionell als Beschützer der orthodoxen Gläubigen in aller Welt verstand. An Serbien grenzte das Habsburgerreich, das seit der Frühen Neuzeit über seine Besitzungen von Istrien und der Krain, Slawonien und Kroatien nach der Annexion Bosnien-Herzegowinas 1908 an Serbien stieß. Russland wiederum unterhielt einen Beistandspakt mit Frankreich, der ein Eingreifen Frankreichs zusicherte, wenn Russland von einem Dritten, konkret Deutschland oder dem Habsburgerreich, angegriffen werden würde. Deutschland wiederum stand an der Seite Österreichs, da die beiden Staaten erst seit rund 100 Jahren politisch voneinander getrennt waren und wirtschaftlich und kulturell größte Gemeinsamkeiten teilten.

Schon vor Ausbruch des Ersten Weltkrieges kam es 1912 und 1913 zu zwei schweren internationalen Krisen, die als Erster und Zweiter Balkankrieg in die Geschichtsbücher eingegangen sind. Unter größten Anstrengungen des internationalen Mächtekonzerts konnte allerdings ein direktes Eingreifen der Großmächte vermieden und der Konflikt politisch gelöst

Ulmer Kinder spielen zwischen 1915 und 1918 auf dem Eselsberg »Krieg«. Im Hintergrund beaufsichtigen Männer in Zivil und Uniform das Treiben.

werden. Die Situation auf dem Balkan konnte also, wie diese Beispiele zeigen, durch planvolles und vorsichtiges politisches Handeln befriedet werden. Grundsätzlich musste aber ein solcher Wille vorhanden sein.

Dieser Wille, politische Kompromisse zu schließen und auf Krieg als Mittel der Politik zu verzichten, schwand umso mehr, je länger der Deutsch-Französischen Krieg 1870/71 zurücklag. Der Beginn des Weltkriegs fiel also nicht plötzlich in die Augusthitze 1914, sondern war bereits in der politischen Struktur Europas am beginnenden 20. Jahrhundert angelegt. Nur der Zeitpunkt blieb noch offen – es fehlte nur ein Funke.

Genau dieser Funke sprang über, als der österreichische Thronfolger Franz Ferdinand und seine Frau Sophie in Sarajewo am 28. Juni 1914 ermordet wurden. Doch zunächst geschah nach dem Attentat erst einmal – nichts. Zu unterschiedlich waren die Vorstellungen innerhalb Österreichs, die zwischen Zurückhaltung, Neutralität und offener Kriegserklärung schwankten. Kaiser Franz Joseph plädierte schon

Gegenüberliegende Seite: Württembergs Ministerpräsident Karl von Weizsäcker: Er glaubte noch im Juli 1914 nicht an Krieg.

früh für eine militärische Auseinandersetzung. Zunächst musste die Regierung aber versuchen, herauszufinden, wie sich die Verbündeten – vor allem Deutschland – in der Serbienfrage verhalten wollten. Dazu entsandte Wien eine Delegation nach Berlin, um Näheres in Erfahrung zu bringen.

In Berlin stellte sich das Bild ähnlich wie in Wien dar. Reichskanzler Theobald von Bethmann Hollweg war für die Unterstützung Österreichs, im Außenministerium hingegen gab es durchaus Bedenken. Schließlich stellte der Reichskanzler am 6. August Österreich den berühmten Blankoscheck aus, indem er nach Wien telegrafierte, »Kaiser Franz Joseph könne sich aber darauf verlassen, daß S[eine] M[ajestät] im Einklang [...] und seiner alten Freundschaft treu an der Seite Österreich-Ungarns stehen werde«.

Was mit dieser Zusicherung genau gemeint war, blieb zwar offen, denn aus der Wortwahl konnte sowohl eine Art Freibrief für Österreich gelesen werden, Serbien anzugreifen, zu besetzen und zu annektieren, als auch lediglich die Zusicherung der Unterstützung für eine begrenzte militärische Aktion auf dem Balkan. Österreich peilte nach der Ausstellung des »Blankoschecks« jedenfalls eine Besetzung und Aufteilung Serbiens an und scheute sich nicht, dies durch seine Botschafter in Europa verkünden zu lassen. Der deutsche Reichskanzler Bethmann Hollweg hingegen wandte sich nach dem Bekanntwerden der österreichischen Pläne scharf gegen solche Annexionsvorhaben und kritisierte das Vorgehen Österreichs in der Folge. Es steht also zu vermuten, dass Bethmann Hollweg die Zusicherung der Unterstützung als Geste an einen engen Verbündeten gedacht hatte, dass Deutschland mit einem Vorgehen gegen Serbien so weit einverstanden war, dass die Ermordung des Erzherzogs bestraft und der Einfluss Österreichs in der Region gestärkt werde, Berlin aber ansonsten gegen einen groß angelegten Krieg war.

In Württemberg machte man sich zunächst keine größeren Sorgen. Der württembergische Ministerpräsident Karl von Weizsäcker schrieb noch Mitte Juli 1914 an den in Friedrichshafen weilenden König, dass es bestimmt zu keinem europäischen Konflikt kommen werde.

Eine Schlüsselrolle im Konflikt kam Russland zu, das als traditioneller Bündnispartner Serbiens und Schutzmacht des orthodoxen Glaubens seine Interessen auf dem Balkan verteidigen wollte. Schon während einer Beratung, dem sogenannten Kriegsrat 1912, hatten die deutschen Politiker und Militärs vorausgesehen, dass ein Krieg in Serbien zum Eingreifen Russlands führen werde. Zwei Jahre später aber schlug man die eigenen Warnungen in den Wind bzw. hoffte darauf, dass sich Russland mit offensiven Aktionen zurückhalten würde. Als traditionelle Gegner Russlands signalisierten schließlich auch Bulgarien, Rumänien und das Osmanische Reich ihre Zustimmung, Serbien eine »Lektion« zu erteilen.

Von all diesen politischen Absprachen bekam die deutsche Bevölkerung kaum etwas mit. Die Zeitungen beschäftigten sich in der ersten Julihälfte nur am Rande mit den Entwicklungen auf dem Balkan. Der Konflikt schien zu weit weg, zu sehr auf die Region begrenzt und vorrangig die Angelegenheit Österreich-Ungarns, als dass man sich eingehender mit dieser Krise beschäftigt hätte. Zu frisch waren wohl noch die Eindrücke der letzten Balkankrisen 1908 und 1912/13, die durch Verhandlungslösungen entschärft werden konnten. Den Philosophen Ludwig Marcuse »erschütterte die Nachricht« von der Ermordung des Thronfolgers »mitnichten«.[1] Auch ansonsten ging nach kurzer Aufregung über die Ermordung des Thronfolgers alles wieder seinen gewohnten Gang. Selbst Armeeangehörige zweifelten am drohenden Krieg und äußerten, allerdings in der Rückschau: »Wir dachten nicht an Krieg. Keiner ahnte, dass draußen schon der Flügelschlag der Weltgeschichte rauschte, dass die Telegraphen eifrig zwischen Wien, Berlin, Petersburg, London und Paris spielten, dass sich ein düsteres Gewitter über der Welt zusammenzog. Wer sollte auch an Krieg denken?«[2]

Nachdem sich Österreich der deutschen Duldung nach der Zusicherung des Reichskanzlers und des Kaisers, vielleicht sogar der Unterstützung im Kriegsfall sicher war, benötigte die Donaumonarchie einen Anlass, Serbien den Krieg erklären zu können. Mittel zum Zweck war ein Ultimatum Wiens an Belgrad, das so scharf formuliert war, dass eine Nichtan-

Parade der württembergischen Truppen im Hof der König-Karl-Kaserne in Ulm.

nahme durch Serbien recht wahrscheinlich war. Nachdem diese Annahme eingetroffen war, erklärte Österreich-Ungarn die Mobilmachung seiner Truppen und Serbien den Krieg. Am 28. Juli begannen die Kampfhandlungen zwischen der Donaumonarchie und Serbien.

Nun setzte ein international verheerender Dominoeffekt ein. Serbien versicherte sich der Unterstützung Russlands, das bereits drei Tage später eine Teilmobilmachung verkündete. Daraufhin begann auch Frankreich, als Alliierter Russlands seine Truppen zu mobilisieren. Gleiches geschah in Deutschland und damit auch im Großherzogtum Baden und dem Königreich Württemberg.

Nun bedeutete die teilweise Mobilmachung in den Staaten noch nicht automatisch die Eröffnung eines großen Krieges, wenngleich er sehr wahrscheinlich war. Als verhängnisvoll erwies sich vor allem die deutsche Kriegsstrategie, deren Ziel vor allem die Vermeidung des Zweifrontenkrieges mit Frankreich auf der einen und Russland auf der anderen Seite war. Um dieses Ziel zu erreichen, hatten die

Militärstrategen den sogenannten Schlieffenplan ausgearbeitet. Man rechnete damit, dass Russland mindestens acht Wochen benötigen würde, um seine Truppen einsatzbereit zu machen und sie gegen Deutschland in den Krieg zu führen. Diese knappe Frist musste aus Sicht der Militärs genutzt werden, Frankreich in einem schnellen Feldzug zu besiegen und die Waffenstillstandsbedingungen zu diktieren, so dass die deutschen Truppen an der Ostfront gegen Russland zur Verfügung stünden. Frankreich hatte aber seit dem Deutsch-Französischen Krieg 1870/71 begonnen, starke Befestigungen an der Grenze zu Elsass-Lothringen, das seit dieser Zeit Teil Deutschlands war, aufzubauen, die nicht einfach überrannt werden konnten. Nur an der nördlichen Grenze Frankreichs waren die Befestigungen gering, da hier das neutrale Belgien als Puffer zwischen den beiden Großmächten lag. Den neutralen Status Belgiens garantierte Großbritannien schon seit 1830, als sich die Großmächte auf die Gründung Belgiens verständigt hatten. Innerhalb des deutschen Generalstabs gab es nun zwei verschiedene Auffassungen: Zum einen könnten die deutschen Truppen das neutrale Belgien rasch durchqueren oder dieses schnell besetzen. Größerer Widerstand war von der kleinen Armee Belgiens kaum zu erwarten. Mit dieser Strategie könnte man die französischen Militärs überraschen und in einer schnellen, groß angelegten Zangenbewegung tief nach Frankreich vorstoßen und dieses zur Aufgabe zwingen. Im Deutsch-Französischen Krieg war ein ähnlicher Plan bereits innerhalb von wenigen Wochen gelungen, warum also sollte er nicht erneut aufgehen?

Für das Gelingen des Planes sprach, dass England kaum ein Interesse an kontinentaler Bündnispolitik gehabt hatte und eher auf einen Ausgleich im Kräfteverhältnis der europäischen Großmächte achten wollte, um so Konflikte zu vermeiden. Großbritannien könnte also Deutschland den Durchzug durch Belgien »erlauben«, um seine eigenen Interessen zu schützen. Allerdings unterschätzte man in der deutschen Politik und im Militär diese Sicht der englischen Politik. Denn bei einem Sieg Deutschlands gegenüber Frankreich hätte dies eine nachhaltige Verschiebung des Kräftegleichgewichts verursacht. Deutschland als größte Wirtschaftsmacht des Kontinents hätte dann – auch wenn es kaum über Kolonien verfügte – ein Gegner Großbritanniens werden können. Zudem gab es in London Vorbehalte gegenüber deutscher Politik, die seit 1900 kaum einen Versuch unterlassen hatte, das politische Verhältnis nachhaltig zu schädigen. Zwar gab es auch im britischen Kabinett Stimmen, die prodeutsch eingestellt waren und England aus dem Konflikt halten wollten. Die Mehrheit der Minister und auch das Königshaus sprachen sich aber letztlich für eine aktive Beteiligung Englands aus. Am 4. August trat England dem nun »Triple Entente« genannten Bündnis mit Russland und Frankreich bei.

Gustav Ulshöfer

Württembergische Olga-Grenadiere verlassen 1914 Stuttgart in Richtung Front.

1914 – Bedrohung und Begeisterung

»Die frivole Haltung Russlands, die herausfordernde Mobilmachung des Zarenreichs konnte schließlich nicht anders als mit der deutschen Kriegserklärung beantwortet werden.«
(»Volkswacht«, 3. August 1914)

Grund für den Kriegsausbruch war also vor allem die Unfähigkeit der Politiker, einen eigentlich begrenzten lokalen Konflikt nicht im gegenseitigen Einvernehmen zu lösen. Sie hatten ihn durch ihre kurzfristige Interessenpolitik sogar befeuert. Das eigentlich zur Friedenssicherung geplante Bündnissystem der europäischen Mächte hatte den Konflikt nicht verhindern können, sondern ihn im Gegenteil erst ermöglicht.

Die Reaktionen der Parteien in Württemberg und Baden

Von allgemeiner Kriegsbegeisterung in Baden und Württemberg kann kaum gesprochen werden. Verantwortlich für diese zurückhaltende Reaktion waren die politischen Parteien des katholischen Zentrums, vor allem aber die Sozialdemokraten, die dem Krieg zunächst reserviert gegenüberstanden bzw. diesen Ende Juli noch weitestgehend ablehnten. In diesem Milieu warnte man noch öffentlich in der »Freiburger Volkswacht« ab dem 25. Juli eindringlich vor einem drohenden Krieg: »In solch einer schicksalsschweren Stunde […] ist es die heiligste Pflicht der sozialdemokratischen Presse, mit allem Nachdruck festzustellen, daß in den Kundgebungen einiger Hunderter junger Leute sich nicht der Wille des Volkes ausdrückt. […] Was sich da auf der [Freiburger] Kaiserstraße zu Zügen formierte […], war nicht das Volk, es waren meistens Studenten, junge Stehkragenproletarier aus kaufmännischen Kreisen und Jugendwehrler. […] Das Volk, […] das seine Haut auf den Markt tragen soll,

Schwäbische Tagwacht

Organ der Sozialdemokraten Württembergs

Mit dem täglichen Unterhaltungsblatt: Aus Leben, Kunst und Wissenschaft

Nr. 51 | Stuttgart, Montag 3. März 1913 | 33. Jahrg.

Die Stuttgarter Arbeiterschaft für ihre Jugend.

Gegen kapitalistischen und militaristischen Jugendfang!

hat mit Kriegshetzen nichts zu tun, es will Frieden haben und weist es ab, sich für habsburgische Rache und Eroberungspläne hinschlachten zu lassen.«[3]

Die Sozialdemokratie hatte sich in Württemberg und Baden in einer sehr realpolitischen Form ausgeprägt, hier wurden sozialdemokratische Vertreter weniger beäugt als beispielsweise in Berlin. Die Duldung der Sozialdemokraten in Württemberg ging sogar so weit, dass der württembergische König Wilhelm II. verlauten ließ, er selbst läse auch das Organ der württembergischen Sozialdemokratie, die »Schwäbische Tagwacht«. In Baden war ohnehin seit der Mitte des 19. Jahrhunderts die Politik sehr liberal geprägt.

Das Organ der württembergischen Sozialdemokratie, die »Schwäbische Tagwacht«, las sogar König Wilhelm.

Politisch befanden sich die Sozialdemokraten in Baden und Württemberg Ende Juli 1914 in einer Zwickmühle, denn einerseits lehnten sie den Krieg auf dem Balkan, wie einen Krieg gegen die europäischen Nachbarn, ab, andererseits wollten sie aber nicht als »Vaterlandsfeinde« und »-verräter« gelten, eine Bezeichnung, die das ganze Kaiserreich hindurch immer wieder für die Sozialdemokraten ins Feld geführt wurde. Die Basis der Sozialdemokratie warb so auf den Straßen für Frieden und demonstrierte gegen den Krieg, während die Funktionäre mit der Mobilmachung in den Chor

Ludwig Frank: Badischer Landtagsabgeordneter und Antimilitarist – was ihn nicht hinderte, sich 1914 für den Krieg auszusprechen.

der Kriegsbefürworter einstimmten. Die Furcht vor der Diffamierung durch den politischen Gegner war stärker und realpolitisch opportuner als das Beharren auf einem im damaligen Umfeld als weltfremd angesehenen Pazifismus.

Auf der Esslinger Burg versammelten sich im Juli die führenden Sozialdemokraten Württembergs, um mit ihrem Treffen gegen einen möglichen Krieg zu demonstrieren. Dort erarbeitete man auch ein Flugblatt und wies in einer ganzen Reihe von Kundgebungen auf die Gefahren des drohenden Krieges hin. Allein im Südwesten wurden rund 300 solche Veranstaltungen gezählt. Dies gelang bis zum 31. Juli, als der »Zustand drohender Kriegsgefahr« verkündet wurde und von Staats wegen umgehend alle sozialdemokratischen Veranstaltungen verboten wurden. Am gleichen Tag legten die führenden Sozialdemokraten fest, sich nun hinter die Politik der Reichsregierung zu stellen: »Die deutschen Sozialdemokraten sind bis zum letzten Mann bereit, einen Angriff auf ihr Vaterland abzuwehren und dieses zu schützen.«[4] Und in Baden erklärte die Sozialdemokratie »ihre Bereitschaft, mit dem letzten Blutstropfen für Deutschlands nationale Unabhängigkeit, Ruhm und Größe«[5] kämpfen zu wollen. Die Mobilmachung und die formelle Kriegserklärung Deutschlands verstärkten dieses Verhalten. Die nötigen Kriegskredite wurden auch von der Sozialdemokratie befürwortet, die Truppen nun auch von der Sozialdemokratie ins Feld geschickt.

Diese Wandlung der politischen Einstellung der Sozialdemokraten lässt sich besonders gut an der Person Ludwig Franks aus Mannheim nachvollziehen. Geboren 1874 in Nonnenweiler, studierte er Rechtswissenschaften und eröffnete kurz nach der Jahrhundertwende eine Kanzlei. Nachdem Frank wahrscheinlich 1900 in die SPD eingetreten war, wurde er bereits 1905 Abgeordneter im badischen Landtag. Drei Jahre später zog er als Abgeordneter für Mannheim in den Reichstag ein. Bekannt wurde Frank für seine parteiübergreifende Politik, so kannte er keine Berührungsängste mit den liberalen Parteien. 1913 stimmte Frank gegen die Heeresvermehrung, weil er den Militarismus ablehnte. Dies hinderte ihn aber nicht daran, sich während der Julikrise auf sozialdemokratischen Friedenskundgebungen für einen Krieg auszusprechen, um dann Ende Juli und Anfang August heftig für die Zustimmung der Sozialdemokraten zu den Kriegskrediten zu werben. Es war vor allem Frank, dem es gelang, einen Block süddeutscher Sozialdemokraten zusammenzubringen und den Stimmungsumschwung der führenden Sozialdemokraten auf Reichsebene zu bewirken: »Ich werde unter allen Umständen durchzusetzen suchen, daß die Fraktion für die Kriegskredite stimmt.«[6] Weitere Wirkung entfaltete die Tätigkeit Franks nicht mehr, noch aus dem Reichstag meldete er sich als Kriegsfreiwilliger, um »seine Pflicht« zu tun und nicht als sozialdemokratischer »Vaterlandsverräter« abgestempelt zu werden. Bereits am 3. September fiel er an der Westfront.

Mit der Zustimmung zu den Kriegskrediten willigte die Sozialdemokratie auch in die »Burgfriedenspolitik« ein, also das Hintanstellen der Parteiinteressen zugunsten nationaler Einigkeit. In Deutschland sollte es nun laut Kaiser Wilhelm II. keine Parteien, sondern nur noch Deutsche geben. Doch lange hielt dieser Burgfrieden nicht, denn schon Ende 1914 kam es in Donaueschingen zu starken parteipolitischen Auseinandersetzungen. Nachdem der nationalliberale Landtagsabgeordnete des Wahlkreises Donaueschingen-Engen an der Front gefallen war, wurde eine Nachwahl im Dezember nötig, die zwischen Zentrum und Liberalen stark umkämpft war. Nicht nur, dass die Kandidaten in den Zeitungen und auf öffentlichen Veranstaltungen warben und den politischen Gegner versuchten »zu schädigen und zu schwächen«[7], der Streit zwischen den Parteien beschäftigte schließlich auch die badische Regierung. Staatsminister von Dusch versuchte auf die Akteure einzuwirken und schlug sogar eine Verschiebung

Gratis! Extra-Ausgabe. Gratis!

Nr. 210a. 31. Jahrg.

Vorwärts

Berliner Volksblatt.

Zentralorgan der sozialdemokratischen Partei Deutschlands.

Dienstag, den 4. August 1914.

Die Sozialdemokratie und der Krieg!

Die sozialdemokratische Reichstagsfraktion bewilligte in der heutigen Sitzung des Reichstages die von der Regierung geforderten Kriegskredite. Gleichzeitig gab sie nachfolgende Erklärung über ihre Stellung ab:

Titelblatt der sozialdemokratischen Zeitung »Vorwärts« vom 4. August 1914. Die Schlagzeile thematisiert die Bewilligung der Kriegskredite durch die sozialdemokratischen Reichstagsabgeordneten.

der Wahl bis nach (dem relativ bald erwarteten) Kriegsende vor. Aber weder Liberale noch Zentrumspolitiker wollten diesem Vorschlag folgen. Ebenso wollten die Kandidaten ihre Kandidatur nicht zurückziehen, während die Regierung für die liberale Seite Partei ergriff. Schließlich wurde die Wahl abgehalten, die unerwarteterweise vom nationalliberalen Kandidaten gewonnen wurde, so dass im badischen Landtag die Mehrheitsverhältnisse beim Alten blieben. Aufgrund dieser in der Öffentlichkeit so heftig ausgetragenen Donaueschinger Ersatzwahl einigten sich die badischen Parteien auf ein »Kriegswahlabkommen«. Für die Dauer des Krieges sollten Wahlkämpfe in Baden nicht mehr stattfinden. Als eine Art informelle Abmachung hielten sich die Parteien tatsächlich bis Kriegsende an ihre Übereinkunft. An den Mehrheitsverhältnissen im Landtag und der politischen Einstellung von Regierung und Landtag änderte sich durch das Kriegswahlabkommen nichts. In Württemberg kam es wie in allen anderen Staaten zu keiner solchen Übereinkunft der Parteien. Der »Burgfrieden« der Parteien war im Gesamten also brüchig, die Parteien standen keineswegs »wie ein Mann«, sondern verfolgten weiterhin ihre legitimen parteipolitischen Interessen, so dass während des Krieges immer wieder politische Flügelkämpfe aufflackerten.

Das »Augusterlebnis«

Die Bevölkerung in Württemberg und Baden hatte bis zur Erklärung des österreichischen Ultimatums kaum etwas von den immensen internationalen Spannungen wahrgenommen. Dass die Bürger so wenig über die internationale Krise erfuhren, lag vor allem an den mangelnden Informationen über ihren Verlauf, ihre Auswirkungen und die möglichen Folgen. In kleineren Städten und Dörfern war man auf »Mundpropaganda« angewiesen, neueste Gerüchte über ein mögliches Eingreifen Deutschlands, über mögliche Konsequenzen wurden im Wirtshaus erörtert.

Erst Ende Juli steigerte sich die öffentliche Spannung, nicht zuletzt unterstützt durch die parteipolitischen Auseinandersetzungen um einen möglichen Krieg. Der Krieg »beherrscht auch unsere Stadt vollkommen. Als ob wir selbst das Schwert ziehen müssten, so spielte sich das ganze Leben in den letzten 48 Stunden ab: in den Familien, in den Geschäften, in allen öffentlichen Lokalen, auf den Straßen, in den Verkehrswagen usw.«[8], berichtete das »Freiburger Tagblatt«. Ein Freiburger Augenzeuge berichtet in seinem Tagebuch: »Nun war ein Singen und Wimmeln auf der Kaiserstraße, als wäre der Krieg schon ausgebrochen.«[9]

Nicht vergessen werden darf dabei, dass die angebliche Kriegsbegeisterung oft nachträglich, nach Ausbruch des Krieges und häufig sogar erst nach Kriegsende, schriftlich festgehalten wurde. In einem privaten Tagebuch des gerade zitierten Freiburgers Engelbert Krebs findet sich überhaupt nichts Kriegsbegeisterndes im Juli 1914. Er schreibt von Alltäglichem, meist finden sich sogar keine Einträge. Erst in einem besonderen Kriegstagebuch berichtet er nachträglich von seiner großen Kriegsbegeisterung Ende Juli 1914. Das Beharren und Wiederholen, so scheint es, soll über den tatsächlichen Kriegsverlauf hinwegtäuschen und den Beginn des Krieges in goldenem Licht erstrahlen lassen.

Die Verhandlungen zwischen den europäischen Zentren produzierten immer neue Meldungen, so dass sich mit der Kriegserklärung die aufgestaute Spannung entlud. Dies führte schließlich zu den zahlreich überlieferten Bildern von jubelnden Menschen, die ihre Hüte in die Luft warfen und den gerade ausgebrochenen Krieg (angeblich) begrüßten. Die »Freiburger Zeitung« lässt ihren Korrespondenten die Stimmung so beschreiben: »Wie bei einem drohenden Gewitter die Luft mit elektrischer Spannung gesättigt ist und eine dumpfe bange Schwüle sich beängstigend auf das Gemüt jeglichen Lebewesens legt, so beseelte die ungeduldige Erwartung der Alarmnachrichten [...] auch die Einwohnerschaft Freiburgs. [...] Schon in den frühen Nachmittagsstunden machte sich allenthalben die nervöse Spannung geltend und überall, wo sich Menschen zusammenfanden, wurde die Möglichkeit er-

örtert, die sich schicksalsschwer an den Verlauf der sechsten Abendstunde knüpfen konnte.«[10]

Tatsächlich handelte es sich beim berühmten Augusterlebnis also eher um eine psychologische Spannungsentladung als um echte Kriegsbegeisterung: Endlich wusste man, wie es weitergeht, endlich war der Zustand der Unentschlossenheit überwunden. Die de facto am weitesten verbreitete Gesinnung war, den Kriegsausbruch – ohne ihn explizit abzulehnen – hinzunehmen und zu versuchen, sich mit der neuen Lage zu arrangieren.

Vom Krieg begeistert war vor allem das nationalkonservative Bürgertum der deutschen Großstädte. Die Stimmung in Berlin war stilprägend für ganz Deutschland. Die meisten Zeitungen orientierten sich an der Stimmungslage in der Hauptstadt und versuchten, in ihrem Verbreitungsgebiet ähnliche Reaktionen zu provozieren bzw. zu unterstützen. So berichtet die konservative »Freiburger Zeitung« Ende Juli: »Wie eine Springflut durchrauschte die ganze Stadt eine Welle höchster patriotischer Begeisterung. […] Hinter wehenden Fahnen marschierten Studenten und Arbeiter, Arm in Arm mit patri-

Junge Männer mit schwenkenden Hüten: (Trügerische) Bilder wie dieses prägten später das Bild einer Nation im Kriegsrausch.

otischen Liedern.«[11] Diese Beschreibung entspricht kaum den Tatsachen. Dass gerade Arbeiter und Studenten Arm in Arm marschiert sein sollen, war politische Wunschvorstellung, entsprach aber sicher nicht der Realität. Beschrieben wurde ein Ideal. Fast schon beschwörend klingt denn auch ein Satz aus der anderen großen Freiburger Tageszeitung, dem »Freiburger Tagblatt«, über die in der Stadt herrschende Haltung: »Das ist echte Stimmung, wurzelnd in echt deutscher Treue, die sich zum Teil in echte Begeisterung erhob.«[12] Dass die sozialdemokratisch und sozialistisch Gesinnten wie auch die Wähler des Zentrums vom bevorstehenden Krieg nicht begeistert waren, wurde weitgehend verschwiegen.

Die Kriegserklärung

Der Ausbruch eines Krieges war 1914 völkerrechtlich geregelt. Es folgten mehrere Eskalationsstufen, die mit der Erklärung des Zustands drohender Kriegsgefahr eingeleitet wurde. Danach erfolgte die Teilmobilmachung, schließlich die Mobilmachung des Heeres. Erst mit der Kriegserklärung, die schriftlich dem künftigen Gegner angezeigt werden musste, wurden die Truppen ins Gefecht geschickt. In Deutschland erfolgte die Mobilmachung zum 1. August. König Wilhelm II. von Württemberg reiste am 31. Juli von Friedrichshafen, seinem bevorzugten Sommersitz, nach Stuttgart und unterzeichnete dort die Mobilmachungserklärung. Dies war allerdings ein reiner Verwaltungsakt. So pompös die Urkunde heute aussieht, Wilhelm war gezwungen, die Urkunde zu unterzeichnen. Die Verfassung des Deutschen Reiches bestimmte, dass mit einer Kriegserklärung alle Truppen unter den Oberbefehl des Deutschen Kaisers rückten. Auch die mit einigen Sonderrechten ausgestatteten Königreiche Württemberg, Sachsen, Bayern und das Großherzogtum Baden mussten sich dem Diktum der Reichsregierung beugen. Allerdings sahen die Regierenden auch keine Veranlassung dazu, ihre Unterschrift zu verweigern. Krieg galt als Mittel

General der Infanterie Max von Fabeck, Kommandeur des königlich-württembergischen XIII. Armeekorps.

der Politik und schien von Zeit zu Zeit unausweichlich, geradezu Schicksal zu sein.

Die Mobilmachung versetzte die aktiven Regimenter in kriegsfähigen Zustand. Es wurde feldgraue Uniform ausgegeben, die Logistik in Gang gesetzt und die Soldaten an Sammelpunkten konzentriert.

Doch war abzusehen – auch wenn viele an nur einen kurzen Feldzug glauben mochten –, dass weitere Truppen rekrutiert werden mussten. Um die ständige Versorgung der kämpfenden Truppe mit neuen Einheiten sicherstellen zu können, galt in ganz Deutschland ein dreistufiges System: Neben den einsatzbereiten Regimentern gab es die Landwehr sowie den Landsturm. Soldaten wurden nach Ende ihrer Dienstzeit formal nicht entlassen, sondern beurlaubt und entweder der Landwehr (von ca. 22–39 Jahren), oder dem Landsturm (von 39–42 Jahren) zugeteilt. Erst mit 42 Jahren endete die Militärerfassung. An die Stelle der bisherigen Militärverwaltung trat mit der Mobilmachung das sogenannte Stellvertretende Armeekorps, das den gesamten organisatorischen Aufbau des jeweiligen Armeekorps spiegelte. Die neu rekrutierten Regimenter erhielten als Zusatz das Wort Reserve. Größter Unterschied zwischen aktiven Regimentern und den Reserveregimentern war, dass die aktiven Regimenter ausschließlich ausgebildete Soldaten auf dem neuesten Stand des Militärwesens aufwiesen, während die Reserveregimenter meist aus älteren Soldaten bestanden, die mehrere Jahre nicht gedient hatten und im Grunde Zivilisten waren, die in kurzen Ausbildungsphasen in der Heimat auf den Fronteinsatz vorbereitet wurden. Dass die

Vor dem Ausrücken entstanden noch Abschiedsfotos der Kriegsfreiwilligen wie hier in Mannheim bei der Mobilmachung der Mitglieder des Turnvereins 1884 Neckarau.

Reserveregimenter von den aktiven Soldaten wenig geschätzt wurden, ist aus den Tagebüchern und Briefen ersichtlich. Doch ganz so miserabel, wie man lange glaubte, schlugen sich die Reserveregimenter nicht. Ihr Ruf war schlechter als ihr tatsächliches Wirken.

Für die aktiven Soldaten war die Mobilmachung kein allzu aufregendes Erlebnis. In den primären Quellen scheinen die politischen Umstände überhaupt nicht auf, die erhaltenen Tagebücher vermitteln ein Bild professioneller Gleichmut. Da diese aber meist von Offizieren verfasst wurden, ist hier Vorsicht geboten. Für den Berufssoldaten ist der Kriegseinsatz eine Möglichkeit zur Bewährung. Angst, Furcht oder fehlende Begeisterung wird es sicher gegeben haben, aber sich diese einzugestehen und gar noch aufzuschreiben, konnte man von kaiserlichen Offizieren nicht erwarten. Auch die einfachen Soldaten rechneten zwar nicht mit Krieg, nahmen den Kriegsbeginn aber gelassen hin. Generell scheint bei den aktiven Soldaten eine Mischung aus Schicksalsergebenheit, Professionalität und banger Erwartung vorgeherrscht zu haben.

Ganz anders verhielten sich die Kriegsfreiwilligen, die sich bereits noch in der Nacht zum 1. August und den folgenden Tagen meldeten. Hier regierte Überschwang bei überwiegend nationaler Gesinnung. Ein besonderes Beispiel ist das des Theodor Friesinger, der im Kaiserreich als Offizier in Stuttgart gedient hatte. Wegen des Überschreitens des Zapfenstreiches fürchtete er die Rückversetzung aus der schwäbischen Metropole in die aus seiner Sicht langweilige Heimatstadt Heilbronn. Um diesem Schicksal zu entgehen, flüchtete er Jahre vor Kriegsbeginn in die Schweiz. Ganz unvermögend war Friesinger wohl nicht, er konnte sich dort eine Schokoladenfabrik kaufen und lebte mehr als ein Jahrzehnt offenbar recht glücklich. Mit Kriegsbeginn änderte sich seine Haltung gänzlich. Noch am Mobilmachungstag schrieb er an die württembergischen Behörden, ob und wie er wieder ins württembergische Heer aufgenommen werden könne. Da der württembergische König eine Generalamnestie für Strafgefangene erlassen hatte, sofern sich diese »freiwillig« an die

Kriegsfreiwillige im August 1914 mit geschulterten Gewehren beim Appell.

Front meldeten, reiste Friesinger nach Heilbronn und wurde umgehend an die Westfront verlegt.

Unter diese Generalamnestie fielen fast alle Strafgefangenen. In Freiburg, Karlsruhe und Stuttgart sowie in allen anderen größeren Städten des Reiches wurden die Gefängnisse auf diese Weise geleert. In einem patriotischen Überschwang sollten sich auch die Gefangenen beweisen und »ihre Verfehlungen vor dem Feind sühnen«[13] können. Allerdings sahen die Ersatzbehörden die Einstellung ehemaliger Gefangener in die regulären Truppen äußerst kritisch und verhielten sich ablehnend. Die große Flut der Kriegsfreiwilligen ebbte nach dem ersten Ansturm rasch ab, nachdem Ende August die ersten verlustreichen Schlachten tobten und der Krieg auch im September noch nicht gewonnen war.

Während des Friedens, also auch noch am 31. Juli 1914, befanden sich die Regimenter nicht konzentriert an einem

Ort. Manche Soldaten hatten Urlaub oder erledigten Dienstgeschäfte. In aller Eile riefen die Regimenter nun ihre im Urlaub oder bei anderen Einheiten weilenden Soldaten an den Einberufungsort. Die folgenden Tage vergingen mit Appellen und der Ausgabe von Material.

Offiziere wie Mannschaften waren in ihren politischen Einstellungen wie in der Einschätzung des Krieges ein Spiegelbild der Gesellschaft. Neben dem weit verbreiteten Gefühl der Offiziere, sich nun endlich bewähren zu können, ließen sich die Mannschaften vom nationalen Trubel anstecken. Bekanntestes Beispiel dafür ist das Bemalen der Transportzüge mit mehr oder weniger gereimten kurzen Sprüchen, die das Kommende beschreibbar machen und – so kann man diese Sprüche auch lesen – die Angst vor einem langen Einsatz und schweren Gefechten nehmen sollten. Beliebt und wohl auch weit verbreitet waren die Sprüche: »Jeder Schuß Zehn Ruß. Jeder Stoß Ein Franzos. Jeder Tritt Ein Britt«; »Serbien muss sterbien«; »Wer auf Gott vertraut und feste um sich haut, der hat auf keinen Sand gebaut«.

Alle Sprüche sollten indes wenig helfen: Der Krieg sollte sich ganz anders entwickeln, als man es im August 1914 erwartet hatte.

Mit Parolen bemalte Eisenbahnwaggons im August 1914.

Die Regimenter rücken aus

Die Regimenter waren meist in der Innenstadt der größeren Städte stationiert. Das Ausrücken aus ihren Kasernen zum nächstgelegenen Bahnhof war ein öffentliches Schauspiel, das mit Bedacht zelebriert wurde. Unkritische Berichte, meist von Militärangehörigen, beschreiben voller Pathos die Stimmung während des Abholens der Fahnen und des Auszugs der Regimenter: »Abends marschiert das stolze 6. Württembergische Regiment mit klingendem Spiel und strammem Tritt aus der Garnison zur Verladung nach Ravensburg. Zu Tausenden zieht die Bevölkerung mit. [...] Unter nicht enden wollenden Hurrarufen fährt das Regiment bei einbrechender Nacht ab.«[14] Der das notierte, war der spätere Generalfeldmarschall Erwin Rommel, im Ersten Weltkrieg noch Frontoffizier.

Kernstück dieser Inszenierung in den großen Städten war das Abholen der Regimentsfahnen aus der Kaserne oder dem Zeughaus. Dort wurde Aufstellung genommen, die Fahnen – das sichtbare Zeichen der Mobilmachung – in die Mitte gestellt und unter klingendem Spiel aus der Stadt gezogen. Doch sind auch kritische Berichte überliefert, die zeigen, dass bereits unmittelbar nach Kriegsausbruch die Stimmung beim Auszug der Regimenter gedämpft war. Zwar wurden auch in den Tagen nach der Mobilmachung die Soldaten auf ihrem Zug durch die Stadt begleitet, doch die Bilder des Auszugs zeigen häufig Kinder und Männer, die die Soldaten begleiten – mit Menschenreihen gesäumte Straßen waren die große Ausnahme. Und ohnehin teilten nicht alle die patriotischen Gefühle, wie dieser Zeitungsartikel aus Baden belegt: »Junge Frauen, deren Männer schon am ersten oder zweiten Mobilmachungstag einrücken mußten, standen weinend in Gruppen zusammen, zum Teil laut klagend und jammernd, die Kinder daneben schauten verängstigt drein; die Männer rüsteten sich ernst, aber entschlossen zur blutigen Arbeit.« Auch auf dem Land war man »bestürzt« über die Kriegsvorbereitungen[15], berichtet der Lehrer Johannes Kuhn aus Biberach. Auch in Freiburg war man nicht restlos begeistert, wie eine Zeitung schreibt: »Abschiedsgrüße wurden gewechselt

zwischen einzelnen Zuschauern und den ausrückenden Soldaten, überall Ernst, bei manchem Wehmut, und doch die frische Entschlossenheit.«[16]

König Wilhelm II. verabschiedet Soldaten in der Großen Infanteriekaserne (Rotebühlkaserne) in Stuttgart.

Ein ebenso wichtiger öffentlicher symbolischer Akt waren die Reden der jeweiligen Landesherren. Die Menschen drängten am Mobilmachungstag und während des Auszugs der Regimenter zu den Krongebäuden, um von ihrem Landesherrn zu erfahren, wie es weitergehen sollte. Diese beschränkten sich meist darauf, die Menschenmenge zu beruhigen, eine Mischung aus patriotischem und vaterländischem Gefühl zu vermitteln und auf die »große Stunde« hinzuweisen. Es waren diese öffentlichen Reden, die bis heute zur Legendenbildung beitragen: Der württembergische König bzw. der badische Großherzog habe den Krieg nicht gewollt, man sei von Preußen in den Krieg gezwungen worden. Dabei waren die Landesherren in ihren Ansichten und Meinungen ebenso gespalten wie die ganze Bevölkerung. König Wilhelm äußerte sich zwar einerseits zurückhaltend und redete nicht vom Krieg gegen den Erbfeind. Andererseits sprach er den Franzosen den rechten Glauben ab und bedauerte, aufgrund seines hohen Alters nicht mehr ins Feld ziehen zu können. Dass er auf seine Truppen vertraute, die Gemeinsamkeit der deutschen Truppen betonte und patriotische Töne anstimmte, verstand sich von selbst: »Ich vertraue fest auf die allzeit bewährte, pflichttreue Hingebung Meiner Truppen und bin gewiß, daß Meine Württemberger den Vätern gleich wetteifern werden mit den Waffengefährten aus Nord und Süd, um unsere große Sache zum Siege zu führen.«[17]

Mit dem Abrücken der Regimenter um den 6. August war der Krieg Realität geworden. Die aktiven Soldaten sahen ihrem ersten Kampfeinsatz entgegnen, die Städte waren merklich leerer geworden. Alle Hoffnungen waren nun auf eine schnelle und siegreiche Rückkehr der Truppen gerichtet.

Begeisterung und Erschrecken an der »Heimatfront«

Der Auszug der Regimenter hatte unmittelbare Konsequenzen für die Städte. Die wehrfähigen Männer fehlten praktisch über Nacht. Entgegen der Erwartung stieg die Arbeitslosigkeit immens an. Hauptgrund dafür war, dass auch die Unternehmer in den Krieg eingezogen wurden. Viele kleinere Firmen mussten mit der Rekrutierung ihres Inhabers schließen. Auch die Arbeitslosenquote bei den Frauen stieg. Die meisten Frauen waren vor Kriegsbeginn in prekären Dienstleistungsverhältnissen, zum Beispiel als Dienstbotinnen, beschäftigt. Da sich mit Kriegsbeginn die Einkommenssituation auch für das Bürgertum verschärfte, waren es gerade die Dienstbotinnen, die als Erstes entlassen wurden.

In der Landwirtschaft wirkte sich der Arbeitskräftemangel zunächst nicht so gravierend aus, da die Ernte Anfang August bereits weitgehend eingefahren war und daher Tagelöhner und Wanderarbeiter, unverzichtbar für die Bewältigung der saisonal anfallenden landwirtschaftlichen Arbeiten, nicht mehr gebraucht wurden.

Obwohl die Ernte eingefahren war, verteuerten sich Lebensmittel Ende Juli und Anfang August immens, denn viele Frauen begannen schon am 31. Juli, einem Freitag, die Geschäfte zu stürmen und Lebensmittel zu horten. Appelle der Stadtverwaltungen, zum »Hamstern« von Lebensmitteln bestünde kein Anlass, verhallten ungehört. Zwar war die Meinung weit verbreitet, dass der Krieg in wenigen Wochen entschieden – nicht gewonnen – sein werde, und die Lebensmittelversorgung 1915 mit der neuen Ernte sichergestellt werden könne, aber verlassen wollte man sich in der Bevölkerung darauf offensichtlich nicht. »Die Freiburger Hausfrauen, soweit sie der besitzenden Klasse angehören, haben das Kriegsfieber, anders kann man sich die Massenproviantisierung nicht vorstellen. Die Hausfrau des Arbeiters kann nicht mitten in der Woche so einkaufen, denn der Ernährer der Familie hat erst Freitag oder Samstag Abend Zahltag.

Entlassene Frauen fanden mit zunehmender Dauer des Krieges neue Stellen, zum Beispiel, wie in Karlsruhe, als Straßenbahnschaffnerinnen.

[…] Man sah Hausfrauen Pakete schleppen, die sonst derartige Arbeit nicht verrichten.«[18]

Die Geschäfte und Betriebe waren während der Rekrutierung und Mobilmachung wichtige Orte für den Informationsaustausch, in denen sich Gerüchte schnell verbreiteten. Insbesondere ausländische Gäste fielen rasch unter den Verdacht, Spione zu sein. Schon während des Kaiserreichs geschah es regelmäßig, dass in Baden oder Württemberg urlaubende ausländische Militärangehörige als Spione gemeldet wurden, obwohl diese hierzulande meist lediglich ihrer Jagdleidenschaft frönten. Ein besonderes Beispiel für die Spionagefurcht stellen die Tagebucheintragungen einer jugendlichen Schülerin dar, die aus Pforzheim berichtet: »Es war Mobilmachung beschlossen worden. Große Aufregung überall. Es wurden viele franz[ösische] Spione verhaftet und erschossen. Ein fr[anzösischer] Arzt vergiftete Brunnen mit Cholerabazillen (?) Verhaftung einer Schauspielerin wegen Verdacht, daß es ein verkleideter Franzose wäre. […] Französ[ische] Spione verhaftet, die in einem Auto, als Krankenschwestern verkleidet, Telegraphendrähte zerschneiden wollten.« Sie schließt mit den treffenden Worten: »Viele falsche Gerüchte.«[19]

Auch in anderen Städten Badens und Württembergs grassierte in den ersten Tagen die Angst vor Spionen: »Es hat sich ergeben, daß uns das Ausland mit Spionen und Personen, die zur Ausführung verbrecherischer Anschläge bestimmt sind, geradezu überschwemmt. Es sind bereits zahlreiche Versuche unternommen worden, wichtige Kunstbauten, Eisenbahnbrücken, Tunnels und dergleichen zu sprengen, um den Aufmarsch unserer Truppen zu stören. […] Wir sind rings von Spionen umgeben! Trage jedermann dazu bei, ihre Umtriebe unschädlich zu machen«, war in der Zeitung zu lesen.[20] Die tatsächliche Gefahr durch Spione und Saboteure war allerdings recht gering. Die meisten ausländischen Besucher waren bereits Ende Juli aus den Kur- und Urlaubszentren wie Baden-Baden und Freiburg, Stuttgart und aus Oberschwaben abgereist.

Wenn ihre Existenz gesichert war, konnten sich auch Frauen der nationalen Sache verschreiben, indem sie zum

Angeblicher als Frau verkleideter französischer Spion. Die Verbreitung solcher Bilder befeuerte die Furcht vor den Spionen, auch wenn diese meist eingebildet war. Möglicherweise wurden solche Bilder sogar aus Propagandagründen gestellt.

Beispiel in den Bahnhöfen durchfahrende Soldaten verpflegten. Solche »Arbeiten« vermittelten das Gefühl, mit im Krieg zu stehen. Zudem erfuhr man auf diese Weise Neuigkeiten aus anderen Teilen Deutschlands.

Aus Pforzheim berichtet Anna Honikel über ihren Einsatz am Bahnhof am 6. August: »Den vorbeifahrenden Soldaten wurden Erfrischungen am Bahnhof gereicht. Schon lange hatte ich den Wunsch, mitzuhelfen. [...] Wir mußten

Rotkreuzschwestern verteilen Getränke und Lebensmittel am Ulmer Bahnhof.

uns die Armbinden selbst nähen und ich erhielt den Stempel von Herrn Heinen (nicht persönlich.) Jede Stunde kam ein Bayernzug vorbei, die alle sehr lustig waren. […] So ging es fünfzehn Tage fort.« Die Versorgungsleistung war enorm: »Es war sehr heiß und die armen Bayern, die an ihr Maßerl gewohnt sind, mußten arg schwitzen. Ebenso die Pferde. […] In der Zwischenzeit wurden Wurstbrote gerichtet und Kaffee und Tee herbeigeschleppt. Auch wurden Cigarren u.[nd] Cigarretten verteilt.«[21]

Allzu lange konnte ein solcher Aufwand nicht betrieben werden. Schon Mitte August wurden die Mädchen von der Stadtverwaltung wieder offiziell entlassen. Einerseits begründete man diesen Schritt mit der Erwartung, dass in nicht allzu weiter Ferne das wohl siegreiche Kriegsende komme und man mit dem baldigen Ausbleiben längerer Truppentransporte durch Pforzheim rechnen könne. Andererseits dürften wohl auch die Kosten für die Verpflegung der Truppe eine nicht unerhebliche Rolle gespielt haben. So berichtet Anna Honikel weiter: »Andern Tags um neun Uhr war alles fertig. Herr

Oberbürgermeister Habermehl hielt noch eine Rede, in der er sich bedankte. Dann mußten wir die Binden abgeben […] und […] mußten nach Hause gehen. Ich ging sehr ungern, doch war es ein Trost, daß Herr Stober sagte, wir dürften bei der Heimkehr der Krieger wieder helfen. Vielleicht haben wir auch Schule bis dorthin.«[22] Trotz ihrer Entlassung wollten viele der am Bahnhof eingesetzten Bürgerstöchter weiter an der Frontunterstützung teilhaben, wenn schon aus Altersgründen noch nicht im Roten Kreuz, dann »müssen [wir] uns eben mit Stricken begnügen«.[23]

Nicht überall wurde indes eine solche patriotische Stimmung auf den Bahnhöfen registriert. In Heidelberg beispielsweise zeigte man sich reservierter. So berichtet der Heidelberger Mittelalterprofessor Karl Hampe: »Heute Abend mit Leuten vom roten Kreuz zum Güterbahnhof, wo Baracken zur Beköstigung der durchreisenden Truppen gebaut. Oncken und ich waren enttäuscht. Ordnung und Stimmung waren nicht erstklassig. Vielleicht fehlt uns nur der Maßstab, und es geht bei der Mobilisierung immer so zu!«[24] Begeisterung klingt anders.

Einen Dämpfer erlitt die Stimmung in der Heimat schon kurz nach dem Auszug der Soldaten. Nachdem die ersten Schlachten getobt hatten, wurden erstmals verwundete Soldaten und die Leichname der Getöteten in die Heimat zurücktransportiert. Anna Honikel berichtet vom Bahnhof Pforzheim: »Letzte [Nachtrag] 11. Aug[ust] [Diese] Woche kam auch ein Zug mit Verwundeten. Da hörte das Lustigsein auf. Ganz langsam kam er angefahren. Die Verwundeten lagen in I. Klasse auf Polstern. Die Leichtverwundeten in den andern Abteilungen. Ein Soldat hatte das Bein, ein anderer den Kopf oder die Stirne od.[er] die Hand, Arm verbunden. Es war ein trauriger Anblick. […] Ein armer Soldat hatte noch eine blutige Hand. Sie kamen alle von der Schlacht bei Mülhausen.« Nicht alle Soldaten hatten so viel Glück, nur verwundet zu werden: »14. August. Heute kam die Leiche des gefallenen Otto Staib von Brötzingen. [Der] Sarg wurde von zwei Sanität[ern] aus dem Wagen gehoben und die Feuerwehrkapelle spielte: Jesus, meine Zuversicht. Dann kam der

Sarg (Eichen) in den Leichenwagen. Zur Beerdigung kamen einige Offiziere.«[25] Aber gleich im nächsten Satz versucht die Schreiberin den Eindruck, den der tote Soldat hinterlässt, zu verdrängen: »Abends kamen wieder Militärzüge und ich blieb bis 9 Uhr. Die Bayern im letzten Zug waren sehr lustig und sangen die Wacht am Rhein.«[26]

Dieses Muster wiederholte sich und scheint in den Tagebüchern häufig gewesen zu sein. Zwar wird der Schrecken des Krieges beobachtet, aber – zumindest im Bürgertum – mit der Betonung der Kühnheit der eigenen Soldaten oder der Schwäche der (in diesem Fall: gefangen genommenen) Gegner kontrastiert. Wieder Anna Honikel: »Uns gefielen besonders die schmutzigen, roten Käppis, die wohl schon den [18]70er Krieg mitgemacht haben. Aber die Verwundeten sind nicht unsere Feinde, obgleich unsere gefangenen Deutschen in Frankreich nicht so behandelt werden. Unter

Blick ins Innere eines Lazarettzuges.

einem Fenster, aus dem ein Franzose schaute, stand: Nieder mit Frankreich. Ein verwundeter Franzose machte uns immer Fäuste, was wir aber nur eines hönischen [sic!] Lachens zu würdigen wußten.«[27]

Von Soldaten, die rasch an die Front zurückzukehren wünschten, berichten die Frauen, die sich freiwillig zum Dienst in den Reservelazaretten gemeldet hatten. Die Gebäude waren völlig provisorisch durch die Militärverwaltung in Barackenbauweise errichtet worden, meist an den Standorten der Garnisonslazarette, manchmal wurden die Verwundeten im zivilen städtischen Krankenhaus behandelt. So berichtet Paula Beutler aus Ludwigsburg: »Heute Mittag war ich wieder im Res[erve] Laz[arett], meine Verwundeten waren sehr munter u[nd] hoffen dieselben in 3–4 Wochen wieder in Frankreich zu sein.[28]

Nachdem die Truppen ins Feld ausgerückt waren, begann in den Städten und Dörfern bald wieder der Alltag. Die Phase des patriotischen Hochgefühls kam Mitte August zu ihrem Ende. Arbeitslosigkeit, Bewirtschaftung wichtiger Güter und die Aufrechterhaltung von Sicherheit und Ordnung rückten nun an die erste Stelle.

Anders als heute kam dem Militär im Kaiserreich eine bedeutende Polizeifunktion zu. Die Regimenter hatten die Krongebäude zu sichern und prägten mit ihrer Anwesenheit das Bild der Stadt. Bewaffnete Soldaten durften zwar gegenüber Zivilisten nicht einschreiten, wie auch die Polizei den Soldaten nichts sagen durfte. Die Abwesenheit der Soldaten wurde allerdings als potenzielle Gefahr wahrgenommen, denn nun schien die Stadt ohne Schutz.

Mit dem Ausrücken der Regimenter bildeten sich in den Städten und Dörfern Bürgerwehren, die von den Organen der Stadt aufgestellt wurden. Diese sollten nun für Ruhe und Sicherheit sorgen. Benötigt wurden sie offenbar nicht, denn schon Ende 1914, spätestens Anfang 1915, lösten sich die meisten Bürgerwehren wieder auf. Die damalige Beliebtheit der Bürgerwehren dürfte neben dem tatsächlichen Sicherheitsbedürfnis der Bevölkerung auch damit zu erklären sein, dass vor allem die nicht wehrfähigen Männer durch den Beitritt in

Eine Karlsruher Bürgerwehr hat sich während des Krieges zum Fototermin formiert.

eine Bürgerwehr einen Beitrag zur Verteidigung der »Heimatfront« leisten wollten. Auch Karl Hampe, Professor für Mittelalterliche Geschichte an der Universität Heidelberg, wurde vom Wunsch gepackt, einer Bürgerwehr beitreten zu wollen. So berichtet er: »Heute Nachmittag war ich drauf und dran, mich zur freiwilligen Bürgerwehr zu melden; aber der Prorektor Gothein selbst konnte nicht zureden. Man hätte nachts zwei Stunden an irgendwelchen Brunnen etc. zu stehen, es sei mehr, um die Heidelberger Bürgerschaft zu beruhigen. Dann schon lieber Eindrillen zum Militär.«[29]

Baden und die französische Bedrohung

Die deutsche Strategie für einen Krieg gegen Frankreich und Russland sah vor, möglichst schnell Frankreich zu besiegen, indem deutsche Truppen über Belgien nach Frankreich vorstoßen und Paris besetzen sollten. Der Schlieffen-Plan bedeutete für den deutschen Südwesten eine große Bedrohung.

Denn durch die Verlegung der deutschen Truppen an die französisch-belgische Grenze fehlten nun diese Einheiten, um einen Vorstoß der Franzosen nach Baden aufzuhalten. Diese verfügten mit der Grenzfestung Belfort über einen starken Stützpunkt, ebenso konnten die französischen Truppen über die Vogesen vorrücken. Ein solches höchst wahrscheinliches Vorgehen der französischen Truppen zu Kriegsbeginn war vom deutschen Generalstab durchaus kalkuliert worden. Hätten sich große Teile der französischen Armee im Oberrheingebiet konzentriert, wäre die nordöstliche französische Flanke entblößt worden und so ein schnelles Vorstoßen der deutschen Armee über Lüttich und Nordfrankreich nach Paris erst möglich gewesen.

Mit Bangen nahm man daher in Freiburg und Karlsruhe die ersten Tage des Krieges wahr. Und tatsächlich rückte die französische Armee rasch ins Elsass vor, das seit 1871 ein Teil des Deutschen Reiches war und unter preußischer Verwaltung stand. Insbesondere im Sundgau, dem südlichen Elsass, konzentrierten sich die Kampfhandlungen. Der Norden des Elsass wurde durch seine Topographie besser geschützt, denn die hügelige, teils bergige Landschaft erschwerte die Truppenbewegung. Im Süden des Elsass konzentrierten sich die Kampfhandlungen auf Mülhausen (Mulhouse), denn zum einen war die Stadt ein Zentrum der Industrie, zum anderen die letzte große Stadt vor der Schweiz und dem Rhein. Fiele Mülhausen, stünden der deutsche Südwesten und vor allem Freiburg den französischen Truppen offen. Die Stadt zu halten war daher eine wichtige Aufgabe für die verbliebenen deutschen Truppen.

Wie schon bei Anna Honikel führte das Eintreffen von Verwundeten und Gefallenen zu zwiespältigen Gefühlen in der Bevölkerung, die sich mit Kriegsfurcht verband. In Freiburg äußerte man sich so: »Wie seltsam und beunruhigend diese Ruhe! Dieses Nichts-mehr-Wissen, dieses nur Unverbürgtes hören! Das Gefecht gestern abend soll gar nicht in Markirch, sondern um Mühlhausen herum gewesen sein. Im Friedrichsgymnasium seien nicht 200, sondern 26 Verwundete angekommen, aber auch schon der Totenwagen soll vorgefahren sein. [...] Wahr ist, [dass] Mühlhausen den Franzosen überlas-

Deutsche Infanterie bei der Schlacht um Mühlhausen (heute Mulhouse) im Elsass am 7. August 1914.

sen worden ist.«[30] Diese Lage führte in Freiburg zu der großen Sorge, dass die französischen Einheiten bis in die Breisgaumetropole vorstoßen könnten: »Die Gerüchte, daß die Franzosen schon über die Grenze seien, tauchen immer wieder auf [...] man ist in steter Aufregung.«[31]

In einer blutigen Schlacht konnten durch das XIV. Armeekorps unter herausragender Beteiligung des badischen Infanterieregiments Nr. 169 die vorrückenden französischen Truppen des französischen VIII. Armeekorps schließlich am 19. August zurückgeschlagen werden. In der Folge kam es kaum mehr zu Kämpfen im Elsass. Denn der Großteil der französischen Kräfte wurde abgezogen, um im Landesinneren und an der Marne dem deutschen Hauptkontingent Widerstand zu leisten.

Die beiden südwestdeutschen Armeekorps waren nicht landsmannschaftlich getrennt. So taten in der 55. Land-

wehrbrigade württembergische und badische Truppen gemeinsam Dienst. Selbst die 2. bayerische Landwehrbrigade war Teil des XIV. Reserve Armeekorps. Das aktive XIV. Armeekorps sollte den Sundgau und damit die Westflanke des deutschen Heeres sichern, während das XIV. Reserve Armeekorps den nördlichen Teil des Elsass schützen sollte. Nach der Schlacht von Mülhausen wurde das aktive Armeekorps in die Nähe Saarbourgs verlegt und nahm an den Schlachten in Lothringen und den Vogesen teil. Die Landwehrregimenter des XIV. Reserve Armeekorps blieben als Grenzschutz für die Dauer des Weltkriegs im Elsass eingesetzt. Die stärkeren Truppen des XIV. Reserve Armeekorps wurden der 6. Armee unterstellt und auf der Höhe von Fricourt, nordöstlich von Amiens, eingesetzt. Durch den einsetzenden Grabenkrieg blieben die Truppen bis 1916 an diesem Frontabschnitt.

Die Lage an den Fronten 1914

Der Krieg im Westen

Neben dem Kampf um Mülhausen entwickelte sich im August 1914 der Kampf um die französische Stadt Longwy, die nordöstlich von Verdun und nördlich von Metz liegt, zu einem Schlüsselmoment. Longwy bildete gemeinsam mit Montmedy und Briey einen Verteidigungsgürtel der französischen Armee. Auf der einen Seite stand die französische 3. Armee mit rund 180 000 Soldaten, auf der anderen Seite die deutsche 5. Armee mit rund 270 000 Soldaten. Teil der Armee war das XIII. (königlich-württembergische) Armeekorps, das rund 30 000 Soldaten stellte. Die Situation war ähnlich wie in Mülhausen: Longwy musste eingenommen werden, um den deutschen Vorstoß nach Nordfrankreich überhaupt durchführen zu können. Sollte der deutsche Vorstoß gestoppt werden, wäre der Schlieffen-Plan bereits jetzt gescheitert. Vom 22. bis zum 26. August dauerte die Schlacht, die zu hohen Verlusten auf beiden Seiten führte. Allerdings wurde die französische 3. Armee gezwungen, sich bis in die Argonnen zurückzuziehen.

Der Ausgang der Schlacht galt somit als Sieg der deutschen Armee, auch wenn es sich eher um ein Patt beider Armeen gehandelt hatte. Die Einnahme von Longwy sicherte Lothringen und damit auch das nördliche Elsass. Durch die Beteiligung des XIII. (königlich-württembergischen) Armeekorps wurde insbesondere im deutschen Südwesten diese Schlacht mit großer Aufmerksamkeit verfolgt.

Die Zeugnisse von Soldaten aus den ersten Augusttagen sind – gerade bei Offizieren – vor allem von den neuen Erlebnissen geprägt. Viele wollten sich als (Berufs-)Soldat beweisen, übernahmen gefährliche Aufträge, auch wenn es sich nur um Kurieraufgaben im Hinterland handelte, und brannten darauf, endlich in die Schlacht zu ziehen. Der Deutsch-Französische Krieg 1870/71 hatte nur wenige Wochen bis zur entscheidenden Schlacht von Sedan gedauert. Der »Nachklapp« gegen die französisch-republikanischen Truppen zählte in der Rückschau kaum mehr. Unter den Soldaten war das Ge-

Postkarte nach Deutschland aus dem 1914 unter Teilnahme württembergischer Soldaten eingenommenen Longwy.

fühl verbreitet, man müsse sich beeilen, bevor der endgültige Sieg über Frankreich die Chance für herausragende Leistungen nähme. Schon mit dem Anbrechen des Herbstes und der Erkenntnis, dass der jetzige Krieg länger dauern werde, als die optimistischen Kriegsprognosen vorhergesagt hatten, wurden die Erlebnisberichte eintöniger, kürzer und näherten sich der Realität an.

Ein Beispiel dieser noch verherrlichenden Augustbeschreibung ist die Schilderung des späteren Generalfeldmarschalls Erwin Rommel im Gefecht von Bleid: Nach einem Feuerüberfall auf ausruhende französische Soldaten gelang es den deutschen Truppen, Bleid einzunehmen und die französischen Kräfte aus dem Ort zurückzudrängen. In Rommels Worten klingt dies so: »Ich spähe um die Ecke des Gehöftes. Da! – kaum 20 Schritt rechts stehen mitten auf der Straße 15 bis 20 Franzosen, Kaffee trinkend, schwatzend, die Gewehre lässig im Arm! Sie sehen mich nicht […]. Leise entsichern wir die Gewehre, dann springen wir um die Ecke und schießen stehend auf den nahen Feind. Ein Teil der Gegner bleibt tot oder verwundet auf dem Platz, der größere Rest stiebt auseinander, erreicht naheliegende Deckungen. […]

Erwin Rommel (nach 1917): Seine Berichte vom Kampf an der Front zeichnen ein heroisches Bild.

Haarscharf pfeift mir des Gegners Kugel am Ohr vorbei. […] Mein Schuß kracht. Schwer schlägt des Gegners Haupt vornüber auf die Treppe.«[32]

Diese heroisierenden Szenenbeschreibungen setzen sich im Erfahrungsbericht Rommels weiter fort, auch wenn die eigenen Verluste – zumindest kurz und pathetisch – erwähnt werden: »Die Verluste häufen sich. Überall erschallt der bange Ruf nach Sanitätern. – Hinter dem Waschhaus wird verbunden. Ein grausiger Anblick! Meist schwere Schüsse! Einzelne der Männer schreien vor Schmerz, andere sehen still und gefasst wie Helden dem nahen Tod ins Auge.«[33] Dominierend sind allerdings die Schilderungen der »großen Leistungen« des Leutnants, wenn er, ebenfalls im Gefecht von Bleid, schreibt, die französischen Truppen seien bereits aus dem Dorf gedrängt: »Von dem zurückgegangenen Feind ist sonderbarerweise nirgends etwas zu sehen. – Plötzlich zeigt Bentele mit dem Arm nach rechts (Norden). Kaum 150 m entfernt bewegt sich in dieser Richtung das Korn. Zwischendurch sehen wir im prallen Schein der Sonne das Aufblitzen blanker Kochgeschirre auf hoch aufgepackten französischen Tornistern. Der Feind dort drüben entzieht sich gebückt dem Feuer [...]. Schätzungsweise kommen 100 Franzosen schnurgerade in Reihe auf uns zu. Kein einziger Gegner hebt den Kopf aus dem hohen Getreide.«[34] Rommel beschließt mit seinen beiden Begleitern, das Feuer auf den französischen Zug zu eröffnen: »Die Durchschlagskraft des Gewehrgeschosses steht mir vor Augen: 2 bis 3 Mann auf diese Entfernung! Rasch schieße ich auf den Anfang der Kolonne. Diese taucht für wenige Sekunden im Getreide unter, setzt aber dann den Marsch in gleicher Richtung fort. Kein einziger Franzose hebt den Kopf. [...] Wir schießen Schnellfeuer in die Reihen der Flüchtenden. [...] Links auf der Straße [...], an der wir stehen, kommen jetzt flüchtende Franzosen angerannt. Durch eine Lücke in den Büschen sind sie auf etwa 10 m Entfernung leicht abzuschießen. Wir verteilten unser Feuer auf die verschiedenen Teile des Gegners. Dutzende von Franzosen werden durch unsere drei Gewehre außer Gefecht gesetzt.«[35]

An der Heimatfront wurde dieses patriotisch-heroische Gefühl des leichten Sieges über Frankreich geteilt. So schrieb am 26. August 1914 die Ludwigsburgerin Paula Beutler an ihren zukünftigen Mann Eugen Speh, der im 2. württembergischen Feldartillerieregiment 29 eingestellt war: »Heute Mittag Extrablatt: Im Osten großer Sieg, nach 3tägiger Schlacht Russen geschlagen, Schlachtlinie 70 km, Namur u[nd] Longwy ganz in unsern Händen, hier Begeisterung sehr groß. [...] Glück auf zum zweiten Sedan!«[36] Und zwei Tage später:

Heute Morgen wurden vom ganzen Westen große Siege gemeldet. Freude u[nd] Begeisterung groß.«[37]

Der August 1914 brachte also einige siegreiche Schlachten, die von den Daheimgebliebenen gefeiert wurden. Doch lange sollte das Vorrücken der deutschen Truppen nicht mehr dauern. Die französischen Truppen wurden im Norden konzentriert, um den vorrückenden deutschen Truppen den Weg nach Paris zu versperren. Die französische Strategie sah nun vor, an der Marne eine Verteidigungsposition einzurichten, um den deutschen Vormarsch zu stoppen und Paris zu schützen. Dazu wurden Kräfte aus dem ganzen Land an den Fluss gezogen und durch englische Truppen verstärkt.

Die Schlacht an der Marne sollte eine Vorentscheidung des Krieges an der Westfront bringen. Sie dauerte mehrere Tage. Am 5. September begannen deutsche Truppen mit ihrem Vorrücken, um eine französische Umfassung zu vermeiden. Da sich die deutschen Truppen zunächst durchsetzten, war der deutsche Generalstab überrascht, dass die französischen Einheiten tags darauf zum Gegenangriff übergingen. Nun entwickelte sich eine Schlacht, die keinen Sieger kannte und in deren Folge die Fronten hin- und herwechselten. Schlacht-

Die Soldaten des 5. Württembergischen Grenadierregiments »König Karl« Nr. 123 ziehen blumengeschmückt durch die Stadt.

entscheidend war schließlich, dass die englischen Truppen in eine deutsche Frontlücke stießen und so eine Rückwärtsbewegung auslösten. Ab dem 10. September befanden sich alle deutschen Truppen auf dem Rückzug. Gesichert werden musste die Front nun am Fluss Aisne.

Die Schlacht an der Marne hat insbesondere in Deutschland schon fast einen mystischen Klang. Für die Zeitgenossen allerdings war sie eine Schlacht wie jede andere im August und September – die auf deutscher Seite allerdings verloren wurde und im Rückzug endete. Erst nach dem Ersten Weltkrieg bildete sich die Erzählung vom »Wunder an der Marne« heraus, also die Vorstellung, dass die französischen Truppen eigentlich geschlagen waren, sich aber durch ein falsches Operieren der deutschen Truppen und besonders des deutschen Oberbefehlshabers Helmuth von Moltke dem Jüngeren sowie durch das Eingreifen der englischen Einheiten das Schlachtenglück gewendet habe. Die deutsche Nachkriegsdiskussion versuchte sich so das Scheitern des Schlieffen-Plans zu erklären.

Die im Herbst folgenden Grenzschlachten waren bereits die erste Stufe des späteren Stellungskrieges. Zunehmend erstarrte nun die Hauptfront. Der Rückzug der deutschen Truppen löste einige organisatorische Umgruppierungen innerhalb der deutschen Armee aus. Das XIII. (königlich-württembergische) Armeekorps wurde am 10. Oktober aus der 5. Armee gelöst und zur 6. Armee gruppiert. Diese Armee trug in den folgenden Wochen schwere Kämpfe in Nordfrankreich aus. Das badische XIV. Armeekorps wurde Ende August ebenfalls aus seinen Stellungen herausgelöst, im September bei Metz eingesetzt und um die Monatswende in die Gegend von Douai verlegt.

Nach dem Erstarren der Hauptfront versuchten sowohl die alliierten als auch die deutschen Armeen, durch einen massiven und raschen Vorstoß zwischen der Aisne und der Nordsee, in einem Korridor von rund 160 Kilometer Länge, an den gegnerischen Truppen vorbeizustoßen, um so rasch Richtung Paris vordringen zu können, die Hauptstadt zu besetzen und den Krieg in Frankreich zu entscheiden. Es kam

Soldaten des badischen Infanterieregiments Nr. 112 »Prinz Wilhelm«, das Teil des XIV. Armeekorps war.

zu mehreren Gefechten und Schlachten, die sich geographisch immer weiter an die Nordsee verschoben und daher als »Wettlauf zum Meer« bekannt geworden sind. Schlusspunkt des »Wettlaufs« war die erste Flandernschlacht. Die deutschen Truppen konnten durch die letzte »offene Tür« nicht entscheidend durchdringen, um Paris besetzen zu können. Die alliierten Truppen wiederum konnten die deutschen Kräfte nicht entscheidend schwächen. Hauptziel der Operation war es, die englischen Truppen von ihren Versorgungshäfen abzuschneiden, was aber nicht gelang. Die Leitung hatte der württembergische Generaloberst Herzog Albrecht von Württemberg. Da seine neu aufgestellte 4. Armee aber hauptsächlich aus wenig erfahrenen Reservekräften bestand, ging die erste Flandernschlacht verloren.

Ebenso wie die Schlacht an der Marne wurde die Erste Flandernschlacht nach Kriegsende verklärt. In dieser Schlacht seien vor allem Schüler und Studenten, die sich freiwillig gemeldet hätten, eingesetzt worden. Mit dem »Deutschlandlied« auf den Lippen seien sie gegen den Feind gezogen und hätten diesem unerwartet Widerstand geleistet. Mit der Wirklichkeit hat diese Legende allerdings wenig zu tun. Weder trugen die Kampfumstände dazu bei, dass ein (gemeinsames) Singen auf dem Schlachtfeld überhaupt möglich gewesen wäre, vor allem aber zeigt ein Blick auf die Stammrollen, dass Schüler und Studenten nur sehr vereinzelt in den Reserveregimentern dienten. Die Hauptlast der Schlacht trugen Kriegsfreiwillige und Reservisten, die aufgrund ihrer mangelnden Ausbildung gegen die Alliierten Kräfte verloren. So ist der obige »Langemarck-Mythos« genannte Rechtfertigungsversuch nur einer neben anderen, der in der Weimarer Republik geschaffen wurde, um das Nichterklärbare der deutschen Niederlage zu verarbeiten und ihr nachträglich einen Sinn zu verleihen.

Als Folge des »Wettlaufs zum Meer« und der Ersten Flandernschlacht blieb auf deutscher Seite einzig, sich auf sichere Stellungen hinter der Yser zurückzuziehen, sich einzugraben und darauf zu hoffen, in einem ausdauernden Materialkrieg den Gegner entscheidend zu schwächen.

Der Krieg im Osten

Das Kriegsbild stellte sich im Osten gänzlich anders dar als im Westen. Die russischen Truppen wurden erheblich schneller ausgehoben und rückten schneller nach Ostpreußen vor, als dies die deutschen Militärs gedacht hatten. Schon Mitte August operierte die russische 1. Armee im deutsch-russischen Grenzgebiet. Die Planungen des Großen Generalstabs hatten vorgesehen, die russischen Truppen nach Ostpreußen einfallen zu lassen, um so Zeit für den Frankreichfeldzug zu gewinnen. Durch eine Eigenmächtigkeit des preußischen Divisionskommandeurs Hermann von François stieß dieser am 17. August bei Stallupönen (Nesterow) gegen die russische 1. Armee vor, wurde aber von deren Überlegenheit zum Rückzug gezwungen. Dadurch waren die Planungen des Großen Generalstabs hinfällig, die russischen Truppen zu umfassen und zu neutralisieren. Schlachtentscheidend aber war schließlich nicht allein die Truppenbewegung, sondern die Nachrichtentechnik, denn die deutschen Truppen konnten den russischen Funkverkehr abhören und waren so immer informiert, wo sich die gegnerischen Truppen aufhielten. Deshalb siegten die deutschen Tuppen schließlich in der Schlacht »bei Tannenberg« – wie sie Paul von Hindenburg in Erinnerung an die 1410 erfolgte Niederlage des Deutschen Ordens gegen ein polnisches Heer bezeichnete. In der folgenden Schlacht an den Masurischen Seen konnte dann die russische 1. Armee zurückgeschlagen werden.

Moderne Zeiten: Propagandafotografie von Soldaten mit Feldtelefon- und Feldtelegrafen.

Gewonnen war allerdings auch an der Ostfront noch nichts, die Kämpfe gingen unvermindert weiter. Im Gegensatz zum Westen befanden sich die Truppen hier aber meist in Bewegung. Auch war der Frontverlauf viel breiter und die Kräfte so verteilt, dass sich kaum ein Gleichgewicht zwischen den Armeen in den Schlachten ergab.

Weihnachten 1914

Das Kriegsjahr 1914 war außergewöhnlich. Noch Anfang des Jahres hatte man nicht mit einem Krieg und schon gar nicht mit einem Weltkrieg gerechnet. Gleichzeitig verliefen die Gefechte und Schlachten bis in den Winter 1914 noch weitgehend nach den Kriegsregeln des 19. Jahrhunderts. Größere Truppenverbände standen sich gegenüber, mit strategischen Truppenverlagerungen versuchte man, den Gegner auszuschalten. Verwundete und Tote wurden selbstverständlich in Kauf genommen und nicht hinterfragt, jedoch zeigte sich noch eine gewisse »Kriegsethik«, die in den nächsten Jahren verloren gehen sollte. Zu dieser Ethik zählte, dass man nach längeren Gefechten gegenseitig Pausen von mehreren Tagen oder gar Wochen vorschlug, um Verwundete zu bergen und Gefallene bestatten zu können. Bekanntestes Beispiel dafür ist der »Weihnachtsfriede« von 1914.

Meist ausgehend von örtlich vereinbarten Waffenstillständen wurde an einzelnen Frontabschnitten zwischen den Weihnachtstagen nicht gekämpft. Von der Westfront wird sogar von Fußballspielen berichtet, die zwischen Deutschen und Engländern ausgetragen wurden. Häufig finden sich Hinweise auf solche »Friedensinitiativen« in Tagebüchern. In den offiziellen Quellen freilich gibt es keine Nachrichten darüber. Allerdings deckten die Kommandanten solche Vereinbarungen und garantierten das Einhalten der vereinbarten Feuerpausen. Die Feuerpausen dienten auch dazu, die von zu Hause zu Weihnachten empfangene »Liebesgaben« zu verbrauchen. In der Regel waren dies gut haltbare Lebensmittel, Tabak und Getränke. Mitunter teilten sich die Soldaten beider Seiten die empfangenen Lebensmittel. Eine heute kaum mehr erhaltene Kuriosität waren aufklappbare, kleine Tannenbäume, die an die Front geschickt werden konnten. Zu Hause verwendete man patriotischen Christbaumschmuck, »Eiserne Kreuze«, Gewehre, Zeppeline und in späteren Jahren sogar Panzer. Auch die Bilder des Kaisers und des württembergischen Königs sowie des badischen Großherzogs durften nicht fehlen.

Soldaten feiern Weihnachten 1914 mit einem kleinen Baum.

Verwechseln mit einer generellen Kriegsmüdigkeit oder gar pazifistischen Bestrebungen darf man den Weihnachtsfrieden aber nicht. Vielmehr handelt es sich um eine klar abgesteckte, zeitlich begrenzte Waffenruhe. Der Weihnachtsfriede hinderte keinen Kommandeur und keinen Soldaten, seinem feindlichen Gegenüber, mit dem man noch vor wenigen Stunden Fußball gespielt hatte, eine Kugel in den Kopf zu schießen.

Eine Aussicht auf Frieden existierte Weihnachten 1914 nicht. Zwar hatte der Papst zu einem Waffenstillstand an Weihnachten aufgerufen. Flächendeckend und von den Armeeführungen angeordnet, ergab sich aber keine solche Waffenruhe. In Deutschland hoffte man weiterhin auf einen »Siegfrieden«, also die vollständige Kapitulation des Gegners ohne Auflagen, während die Alliierten nicht zulassen konnten, dass deutsche Truppen auf russischem und französischem Gebiet standen.

Der Krieg sollte daher also weitergehen. Die Pessimisten in Regierung und Generalstab sollten Recht behalten, dass der Krieg auch »zwei Jahre« dauern würde – länger schienen die Reserven des Deutschen Reiches und seiner Verbündeten nicht auszureichen. Der Zweifrontenkrieg musste auf deutscher Seite also unbedingt 1915 gewonnen werden, zumindest aber einer der Alliierten – Russland oder Frankreich – aus dem Krieg ausscheiden und einen Separatfrieden mit Deutschland schließen, wollte man siegreich aus dem Krieg hervorgehen.

Französisches Gemälde, das einen Luftangriff auf Karlsruhe darstellt.

1915 – Fronterlebnis und Heimatfront

»Beschwören Wir Euch, die Ihr von der göttlichen Vorsehung zur Regierung der kriegsführenden Nationen bestellt seid, diesem fürchterlichen Morden, das nunmehr seit einem Jahr Europa entehrt, endlich ein Ziel zu setzen. Es ist Bruderblut, das zu Lande und zur See vergossen wird. Die schönsten Gegenden Europas, dieses Gartens der Welt, sind mit Leichen und Ruinen besät. Ihr tragt vor Gott und den Menschen die entsetzliche Verantwortung für Frieden und Krieg.«
(Papst Benedikt XV., 1915)

Die Kriegsstrategie der Mittelmächte, in diesem Jahr 1915 an wenigstens einer Front siegen zu müssen, ließ gerade im Osten die Kämpfe in der Winterschlacht in den Karpaten unverändert weitergehen. An der Westfront wurden die zunächst provisorischen Stellungen und Schützengräben stark erweitert und mit allem Lebensnotwendigen ausgestattet, so dass sich das Leben immer mehr unter die Erde zurückzog, während die nordfranzösische Landschaft durch die Artillerie bald nicht mehr zu erkennen war. Diese neue Art der Kriegsführung schlug sich auch im Kriegserleben der Soldaten an der Front nieder.

Württembergische und badische Soldaten an der Front

Über den Alltag an der Front sind wir auf den ersten Blick gut unterrichtet, zahllose Tagebücher und Feldpostbriefe berichten über das Soldatenleben an der Front. Auf den zweiten Blick allerdings entpuppen sich die meisten Zeugnisse entweder als nachträglich aufgeschrieben oder kaum ergiebig. Statt einer genauen Beschreibung des Frontalltags finden sich in den Feldpostbriefen beispielsweise häufig gegenseitige Fragenkataloge, die das unmittelbare Empfinden betreffen. So ist zum Beispiel das Wetter oft Gegenstand der Debatten.

Soldaten im Schützengraben während einer Feuerpause. So »hausten« auch die württembergischen und badischen Soldaten.

Das neue Medium der Bildpostkarten wurde häufig genutzt: Ein Frontfotograf machte ein Bild an der Front oder der Etappe und fertigte einen Stapel an Postkarten, die in die Heimat versandt werden konnten. Der Schrecken des Krieges wurde in den Postkarten meist ausgeblendet, zum einen, weil dieser Schrecken in der Heimat unverstanden bleiben musste, aber auch, um die nächsten Angehörigen nicht zu ängstigen. Der Tod im Gefecht schwang aber zwischen den Zeilen mit, etwa wenn Familienangehörige betroffen waren. Der Kamerad im Schützengraben wurde dagegen in der Korrespondenz kaum beachtet. Vielmehr waren gerade die Ernährungslage und vor allem die Langeweile ständiges Thema in den Selbstzeugnissen. Denn während man als Lesender den Ersten Weltkrieg vor allem mit Gefechten und Schlachten in Verbindung bringt, hatten die Soldaten an der Front lange Einsatzpausen zwischen den Gefechten. Zwar waren die Schlachten anstrengend, potenziell tödlich und lang andauernd – meist mehrere Tage bis Wochen –, doch dazwischen erhielten die Soldaten lange Pausen zur Erholung. Verwundungen führten zu teils längeren Lazarett- und Kuraufenthalten oder Heimaturlaub. Auch gab es insbesondere an der Westfront längere Abschnitte, an denen über mehrere Monate, teils Jahre kaum etwas oder nichts geschah. So wurde das XIV. Reserve Armeekorps bis auf die ersten Augustwochen 1914 und die Gefechte in den Vogesen kaum gefordert, während man 1916 in Verdun dem sicheren Tod entgegenging. *Das* gemeinsame Fronterlebnis gab es daher nicht und konnte es auch überhaupt nicht geben. Vielmehr muss man zwischen den vielen Stimmen der unmittelbar eingesetzten Frontsoldaten, der in der Etappe oder im Generalstab Tätigen, zwischen Offizieren und Mannschaften deutlich unterscheiden.

Die Egodokumente der Soldaten unterschieden sich auch grundlegend von den offiziellen Verlautbarungen zum Soldatenleben in Frieden und Krieg. Solche offiziellen Äußerungen waren zwar wenig realistisch, wurden aber vor allem in Büchern, Zeitungen und Bildern verbreitet, um ein sozial erwünschtes Soldatenbild zu konstruieren. Exemplarisch dafür ist die Äußerung des Generals von Soden, die dieser nach dem Krieg über die württembergische Armee verbreitete: Diese sei »eine besonders gute Mischung, nämlich ernste gemütliche Schwaben, neben lebendigen und beweglichen Franken sowie bedächtigen und starken Alemannen […] in harter Lebensschule aufgewachsene Bauern und Weingärtnern, einer kleinen Anzahl tüchtiger Handwerker, einer größeren Zahl im Fabrikleben gestählter Arbeiter, Volksschullehrern, einer hinreichenden Zahl Intellektueller bei den Einjährigen, einer stattlichen Zahl lebensfroher Springinsfelde.«[38]

Die konkreten Erlebnisse der Soldaten zeichnen ein weniger verklärendes Bild: »Bei ihnen ginge es zu wie in der Hölle«[39], lautet die über Dritte weitergegebene Beschreibung eines »bei Verdun durch Kopfschuss« gefallenen Soldaten des württembergischen Landwehrinfanterieregiments Nr. 120.

Ebenso äußert sich der ebenfalls aus Württemberg stammende Unteroffizier Adel Beutler, der sich von der »Gottheit« geschützt sieht, sonst wäre er wie seine Kameraden »ein mordendes Wesen zwischen den Drahtverhauen, den furchtbaren Grenzen feindlicher Nationen geworden«.[40]

Zwischen diesen beiden Polen – dem, was sozial erwünscht war einerseits, und der realen Kriegssituation an der Front andererseits – wechseln die Inhalte der Frontbriefe. Beide Extreme finden sich. Jeder Briefschreiber musste für sich entscheiden, wie viel Wahrheit er seinen Angehörigen zumuten wollte.

Schlafende Soldaten im Schützengraben. An schöne Träume war so kaum zu denken, nur in den Erdwerken konnten sich die Soldaten ausruhen.

Die materielle Sachkultur der Westfront verrät einiges über den Alltag der Soldaten: 1915 war die Westfront gänzlich erstarrt, beide Seiten hatten sich eingegraben. In den Gräben fanden sich mehrgeschossige Unterkünfte, die einigermaßen bombensicher angelegt waren. Die Schützengräben selbst waren mit Holzkonstruktionen abgestützt. In den letzten Jahren hat die Archäologie begonnen, auch die Überreste des Ersten Weltkriegs zu untersuchen. So wurde beim Bau einer Umgehungsstraße der sogenannte Kiliansstollen, eine deutsche Verteidigungsstellung im Elsass, in der 34 Soldaten durch Verschüttung den Tod fanden, angeschnitten und die Überreste von zwölf Soldaten erst jetzt gefunden. Daneben wurden alltägliche Dinge des Lebens wie Flaschen und andere Gegenstände ergraben. Die Archäologie des Ersten Weltkriegs steht allerdings noch ganz am Anfang.

Während für die Offiziere sogar Porzellangeschirr angeschafft wurde, litten die Mannschaften unter Flöhen, Läusen, Ratten und vor allem der unvermeidlichen Nässe. Denn bei jedem Regenschauer floss das Wasser in die Schützengräben, die kaum zu entwässern waren. Die Folge war der berüchtigte Grabenfuß (»trench foot«). Da die Soldaten kaum Wäsche zum Wechseln hatten und ständig einsatzbereit sein mussten, behielten sie ihre oft nassen Wollsocken über mehrere Tage an. Bereits nach wenigen Tagen entzündeten sich die Füße und begannen schließlich zu faulen. Ein bestialischer Gestank erfüllte die Schützengräben auf beiden Seiten. Adel Beutler schildert das Leben in den Schützengräben so: »Da unten liegen wir wie die Sträflinge. Ein Kellerloch, [...] Nacht, kein Sonnenstrahl nur künstliche Beleuchtung (durch teure Kerzen.) Aber der Soldat gibt sich mit wenig zufrieden. Wenigstens schußsicher. 3–4 m dickes Steingewölbe. Da dröhnen die Minen und Granaten, erwecken ein schauerliches Echo in diesen Katakomben.«[41] Unter diesen Umständen verwundert es kaum, dass einzelne Soldaten die Umstände nicht mehr aushielten und gezielt ins feindliche Feuer liefen, um ihrer Situation ein Ende zu machen.

An der Ostfront gestaltete sich das Soldatenleben gänzlich anders. Denn durch den ständigen Bewegungskrieg waren die

dort eingesetzten Soldaten nicht den Gefahren der Schützengräben ausgesetzt, sondern wurden vor allem körperlich gefordert. Um die gegnerischen Truppen verfolgen zu können, mussten die Soldaten lange Wege – auch nachts – marschieren. Die Verpflegung war dürftig und stark von der Region abhängig. Da sich die Truppen meist vor Ort versorgten, fehlten den Einheimischen die Nahrungsmittel. Mit zunehmender Kriegsdauer verstärkte sich der Nahrungsmittelmangel, dem die Armeekorps dadurch Abhilfe zu schaffen versuchten, indem sie selbst Schweine und Kühe züchteten und diese mitführten. Mit einer modernen, schlagkräftigen Armee hatten diese Zustände wenig gemein.

Württembergische Soldaten lassen sich im Schützengraben fotografieren. Solche Bilder von der Front wurden gerne und häufig nach Hause geschickt.

Für die Moral erwies sich als nachteilig, dass die deutschen Truppen zur Stabilisierung der Front den österreichischen Truppen aushelfen mussten. Gefühle der Überlegenheit machten sich breit und das Betonen der Unzuverlässigkeit und Unfähigkeit der österreichischen Truppen war gängig. Dass die österreichischen Truppen allerdings unter ganz anderen Voraussetzungen kämpften, schlecht ausgerüstet und taktisch nicht auf der Höhe der Kriegführung waren, wurde dabei ausgeblendet. Der Eindruck, man sei von den Österreichern in den Krieg gezwungen worden, nun aber müsse man sich selbst helfen, verfestigte sich, je länger der Krieg dauerte. Unter den Württembergern und Badenern war diese Stimmung nicht ganz so verbreitet. Zum einen dürfte dies der geographischen Nähe, zum anderen aber auch der gemeinsamen Geschichte geschuldet sein.

Wie der Krieg an der Heimatfront erlebt wurde

Die in der Heimat Zurückgebliebenen waren innerlich zerrissen. Denn einerseits glaubte man fest daran, dass der Krieg in spätestens »drei Wochen« entschieden sei – jeder Sieg wurde noch immer euphorisch gefeiert, jede Niederlage betrauert –, andererseits zeigte sich, wie sehr der Krieg mittlerweile das Alltagsleben bestimmte: Nahrungsmittel wurden rationiert, die Städte und Dörfer durch Luftangriffe bedroht und der Eisenbahnverkehr eingeschränkt oder gar eingestellt. Vor allem aber lastete auf den Daheimgebliebenen die Angst um die Soldaten im Feld. Frontzeitungen, wie die »Liller Kriegszeitung«, wurden vor Ort semiprofessionell hergestellt und boten im Schützengraben ein wenig Abwechslung während des langen, zermürbenden Wartens auf den nächsten Angriff. Mit der Feldpost wurden ganze Fortsetzungsromane aus Zeitungen verschickt – ebenfalls ein Beleg für die allgemeine Langeweile an der Front.

Mit den Briefen drangen aus der Heimat Nachrichten über die immer schlechter werdende militärische Lage an die Front. In den Briefen findet sich Kritik selten, wohl aber im öffentlichen Gespräch. So berichtete der Heidelberger Universitätsprofessor für Mittelalterliche Geschichte Karl Hampe: »Interessante Soldatengespräche, die im ganzen noch vorzügliche Stimmung verraten. Auf die Offiziere sind sie natürlich teilweise schlecht zu sprechen, insbesondere auf ihre Schlemmereien (in der Etappe). Für Kriegsanleihe scheint auch wenig Stimmung. Es wird für Zeichnung jetzt Urlaub gegeben; das gezeichnete Geld sieht man, wie es scheint, teilweise als verloren an.«[42] Der Rottweiler Soldat Eugen Speh

warnte eindringlich seine Freundin,

Ein Werbeplakat für Kriegsanleihen, das in Stuttgart hergestellt wurde.

eimat bezahlte
chen Militärta-
dt werden. Die
war gewaltig,
t während des

n die Soldaten
n ihnen lang-
rift ist meist –
ziffern, große
gegen sind die
, in Tinte und

r, Langeweile
partner wollte
überfordern.
wahrheitsge-

treuem Schreiben abgeschreckt haben. Die Zensur der Briefe wurde nicht im Geheimen, sondern ganz offen praktiziert. Die durchgesehene Post wurde mit einem Stempel »Zensur« versehen. Kritik an diesem Vorgehen wurde meist nur versteckt geübt, so fragte scherzhaft der Rottweiler Eugen Speh: »War auch auf meinem Brieflein am 15. d[es] M[onats] ein Prüfungsstempel oder hat es wohl Neugierde geöffnet?«[44]

Die Soldaten sollten sehen, dass ihre Briefe gelesen werden konnten und in einer Art Vorzensur entscheiden, was sie in die Heimat schrieben. Die Zahl der so behandelten Post ist aber verschwindend gering. Die laufende Menge an Postkarten, Briefen und Päckchen war viel zu groß, als dass sie effektiv hätte überwacht werden können. Allerdings wurden immer wieder ganze Frontabschnitte für den Postverkehr gesperrt, wenn zum Beispiel eine Offensive vorbereitet wurde. Nach Ende der Kampfhandlungen wurde dann die Post ausgehändigt. Alternativ konnte man einer privat bekannten zivilen Person Briefe mitgeben, in denen dann offener kommuniziert werden konnte: »Die Briefe gehen scheints durch eine scharfe Zensur, sei also recht vorsichtig. Nicht erwehnen wo ich bin. Diese Zeilen nimmt ein Url[auber] mit. Sobald als möglich folgt dann ein Brieflein.«[45]

Größere Verluste an Post erlitten die Soldaten durch das Verlorengehen einzelner Briefe. Wenn der Brief aus den Weiten des Ostens nach Hause transportiert werden musste, konnten beim Umladen Briefe verschwinden: »Das [Brieflein] von Samstag steht noch aus und kam anscheinend mal wieder zum Res[erve] R[e]g[imen]t 29 [statt zum FAR 29] in die Vogesen. Hoffentlich findet es seinen richtigen Weg noch recht bald.«[46] Häufig erreichten die Briefe die Soldaten im Feld zu spät, weil die Einheit mittlerweile verlegt worden war. So schreibt Eugen Speh: »Innigsten Dank für dein l[iebes] Brieflein Nr 12 v[om] 3. Ich erhielt solches gestern Mittag, wie habe ich mich doch darnach gesehnt, es stehen jedoch immer noch 3 Posten aus, doch brachte mir heute die Post noch nichts. Vielleicht heute Mittag.«[47]

Die Briefe und Postkarten waren mit Namen, Truppenteil und Division zu versehen. Dass durch die ständigen Verlegungen gerade die württembergischen Truppen (Westfront, Ostfront, Italien, Balkan, Ostfront, Westfront) davon betroffen waren, ist offensichtlich. Daher gingen die Brief- und Postkartenschreiber schnell dazu über, ihre Post zu nummerieren, um so einen Überblick über den Stand der Korrespondenz zu erhalten. In den Briefen und Postkarten kommt es daher häufig vor, dass ein Drittel des zur Verfügung stehenden Platzes mit Fragen, welcher Brief nun schon wann angekommen sei, verbraucht wird. Oft finden sich auch kurze Karten, die an heutige SMS-Korrespondenzen erinnern, wenn nur ein paar Worte geschrieben werden, wie zum Beispiel: »Meine Liebe! In Eile noch recht herzl[ichen] Gruß. Gestern kam keine Post. Ein andermal wieder mehr.«[48]

Kaum eine Rolle spielte in den Feldpostbriefen und -postkarten der Ausgang des Krieges und eventuelle Friedensbemühungen. Allenfalls schriftliche Stoßseufzer, die ein Ende des Krieges herbeiwünschten, finden sich: »Ach Herr unser Gott, drängt es uns zu rufen, ist es denn nicht möglich daß dieser entsetzliche Krieg ein Ende nehme ohne daß noch einmal das Blut in Strömen fließt.«[49]

1915 dämmerte es vielen zum ersten Mal, dass der Krieg nicht mehr zu gewinnen war und man einen »Verständigungs-

Empfang der heißersehnten Feldpost, vermutlich zeigt das Bild württembergische Soldaten, die im Argonnenwald eingesetzt waren.

Die Großherzogin von Baden sollte die Möglichkeit eines Separatfriedens mit Russland ausloten.

frieden«, also ein Abkommen mit den Alliierten, schließen müsse, der die Ausgangslage vom 1. Juli 1914 wiederherstellte. Dagegen sprachen sich aber sowohl die Alliierten wie die Reichsregierung aus. Reichskanzler Bethmann Hollweg hatte in seinem Septemberprogramm 1914 festgelegt, dass Deutschland bestimmte Gebiete annektieren und des Weiteren Entschädigungen fordern wolle. Auch England und Frankreich verfolgten annexionistische Ziele, waren an einem Friedensschluss also ebenfalls wenig interessiert. Die Lage wurde für das Deutsche Reich aber immer schwieriger. Die vielen Fronten und der hohe Einsatz von Mensch und Material mussten zwangsläufig zu einem Ende kommen, so dass der Reichskanzler zwar sein Septemberprogramm nicht aufgab, aber darauf drängte, den Zweifrontenkrieg zu beenden. Russland sollte dazu gebracht werden, aus dem Kreise der Alliierten auszuscheiden und einen separaten Frieden mit Deutschland zu vereinbaren. Für eine solche Initiative nutzte Bethmann Hollweg die Kontakte des deutschen Adels. Vor allem die Großherzogin Luise von Baden sollte ihre verwandtschaftlichen Beziehungen geltend machen und am Zarenhof die politische Lage sondieren. Denn Luises Mutter war die Tochter der russischen Großfürstin Maria Pawlowna Romanowa, die wiederum Tochter der aus Württemberg stammenden Zarin Maria Fjodorowna war. Die Großherzogin verfügte daher über zahlreiche und hochrangige Kontakte innerhalb des russischen Adels. Allerdings verliefen die Sondierungen Luises im Sande. Die großen Gebietsgewinne der deutsch-österreichischen Truppen im Laufe des Jahres 1915 ließen ein solches Angebot zwar als realisierbar erscheinen, am Ende setzten sich jedoch die Kräfte durch, die für eine Fortführung des Krieges plädierten.

Auch in der Heimat traten zahlreiche neue Probleme auf: Die Kriegswirtschaft litt unter Material- und Personalmangel, Ersatzstoffe hielten Einzug, die Lebensmittel mussten bewirtschaftet werden. Ein Hauptproblem – gerade der Westfront – war der zunehmende Munitionsmangel. Bereits während des Septembers und Oktobers 1914 zeigte sich, dass die angelegten Munitionsreserven, vor allem bei der schweren Artillerie und der Gewehrmunition – nicht ausreichen würden. Die Reserven waren lediglich für einen zeitlich überschaubaren Feldzug angelegt worden. Ein sich entwickelnder Stellungskrieg war überhaupt nicht vorstellbar und daher nicht geplant worden. Die benötigte Munition, aber auch alltägliche Teile wie Winteruniformen, kriegstaugliche Behelmung usw. waren nicht in ausreichendem Maße vorhanden. Sollte überhaupt noch eine Chance auf einen Sieg bestehen, musste die Kriegswirtschaft nun rasch die benötigten Produkte bereitstellen.

Firmen, Unternehmer und ihre Arbeiter

Allen Beteiligten, den zivilen Politikern, den führenden Militärs wie auch den Unternehmern, war klar, dass ein Krieg, der nicht nur als Feldzug gegen einen sehr viel kleineren Gegner geplant wurde, die wirtschaftliche Leistungsfähigkeit ganz Deutschlands in einem nie gekannten Ausmaß beanspruchen würde. Die häufig zu findende Angabe, dass Politiker und Militärs davon ausgingen, ein möglicher Krieg dauere maximal anderthalb bis zwei Jahre, ist daher nicht so zu verstehen, dass eine längere Kriegsdauer nicht vorstellbar gewesen wäre, sondern stellte vielmehr eine realistische Einschätzung der eigenen Leistungsfähigkeit dar. Denn die deutsche Wirtschaft war hochgradig mit der Weltwirtschaft vernetzt und auf die Einfuhr vieler Rohstoffe wie Öl oder Getreide usw. angewiesen. Die Analyse des Generalstabs, dass ein Krieg möglichst kurz ausfallen müsse, war also nicht der Verkennung der Lage geschuldet, sondern der ökonomischen Notwendigkeit.

Nachdem die Jahreswende 1914/1915 keine Entscheidung gebracht hatte, schien ein schnelles Ende des Krieges zu »fairen« Bedingungen noch möglich. Es war also keine Hybris der Verantwortlichen, auf einen »kurzen« Krieg zu setzen, sondern die einzige Möglichkeit, überhaupt einen Krieg gegen die europäischen Nachbarn führen zu können. Die Fehler, für die die politisch Handelnden die volle Verantwortung tragen, waren, sich allein auf militärische Stärke verlassen zu haben, sich nicht an der Suche nach politischen Lösungen für das Ende des Weltkriegs beteiligt und »sehenden Auges« Millionen Menschen geopfert zu haben.

Die württembergische Wirtschaft war stark landwirtschaftlich geprägt, dennoch konnte die Bevölkerung mit den eigenen landwirtschaftlichen Flächen nicht ernährt werden. Das Land war auf konstante Einfuhr von Brotgetreide angewiesen. Größere Industriezentren waren lediglich Ulm, der Bodenseeraum und das Mittlere Neckartal, dominant war weiterhin das Kleingewerbe im ländlichen Raum.

Die Armee hatte seit der Jahrhundertwende stets den Ausbruch eines Krieges erwartet und sich dementsprechend vorbereitet. Mit den in Württemberg befindlichen wenigen Großunternehmen wurden Verträge zur Lieferung von Material im Mobilmachungsfall geschlossen; insbesondere die Waffen- (Mauser), Transport- und Motoren- (DMG), die Konserven- und Textilindustrie (Hartmann), die Decken, Bekleidung und Verbandsmaterial lieferte, profitierten auch im Frieden von den garantierten Bestellungen der Armee. Unterlassen wurde allerdings, detaillierte Pläne zur Material- und Nahrungsmittelbewirtschaftung auszuarbeiten und vor allem für einen länger dauernden Krieg vorzusorgen.

Ganz generell nahmen die württembergischen Unternehmer den Krieg – wie kaum anders zu erwarten – vor allem vor ihrem ökonomischen Hintergrund wahr. Bereits 1915 sorgte man sich um die Bedingungen eines Friedens und lehnte die Annexionsforderungen ab. Die Unternehmer präferierten einen Verständigungsfrieden, der ihre wirtschaftliche Grundlage, vor allem Maschinen und Kapital, sichern sollte. Auch einer eventuellen Zerschlagung Württembergs als sou-

Granatenfüllraum der Firma Voith in Heidenheim.

veränem Reichsteil und einer vollständigen Vereinnahmung Württembergs durch das Reich am Kriegsende wurde sehr hellsichtig eine Absage erteilt.

Die Achillesferse der württembergischen Wirtschaft war die Abhängigkeit von Rohstoffen und Halbfabrikaten, die vor allem aus dem Ausland zugeliefert wurden. Man sprach davon, dass Württemberg »eine Art Kolonie [sei], in der Auslandsstoffe mit Auslandskohle zu Auslandsware veredelt«[50] wurde. Allein die Firma Robert Bosch exportierte rund 90 Prozent ihrer Waren ins Ausland. Dass mit Kriegsausbruch gerade diese Märkte wegbrachen, konnte auch durch das Ansteigen der Rüstungsindustrie nicht wettgemacht werden.

Die Löhne in der Industrie waren auch schon vor dem Krieg im Reichsschnitt recht hoch, die Arbeit bereits stark spezialisiert und durch Facharbeiter geprägt. Der württembergische Landtagsabgeordnete Karl Commerell fasste die Situation im Land so zusammen: »Der Mangel an Kohlen und Eisen sowie an Wasserstraßen zum billigen Transport zwingt unsere Industrie zu einer erstklassigen Qualität: dazu bedarf es neben einem tüchtigen Unternehmertum eben geschulter, technischer und kaufmännischer Beamter und eines Stammes intelligenter Arbeiter.«[51]

Insgesamt beschränkte sich die Strategie der württembergischen Unternehmer darauf, den Krieg vor allem als Versicherungsfall zu betrachten. Klauseln für den Fall der Mobilmachung und der Kriegserklärung, dass Lieferverträge ungültig seien, der Abschluss von Versicherungen, Bemühungen, unabkömmliches Personal für die Produktion bereits im Vorfeld des Krieges von der Mobilmachung auszunehmen, waren die Hauptinteressen der Unternehmer. Die Planungen für einen langen Krieg wurden unterlassen, weil es schlicht unvorstellbar war, dass ein Krieg mehr als zwei Jahre dauern könnte.

Die badische Kriegswirtschaft ist im Gegensatz zur württembergischen noch kaum untersucht worden. Eine grundlegende Studie fehlt noch, die die Besonderheiten der badischen Kriegswirtschaft beleuchtet. Allerdings lassen sich ausgehend von der Beschreibung der württembergischen Wirtschaft Parallelen ziehen.

Die badische Wirtschaft war vor dem Krieg noch stärker mit dem Ausland vernetzt als die württembergische. Insbesondere die Textilindustrie operierte grenzübergreifend im »Dreiländereck« der Schweiz, Frankreichs und Deutschlands. Basel und Mülhausen (Mulhouse) waren im 19. Jahrhundert bedeutende Textilstandorte, hinzu gesellten sich zahlreiche Firmen der Nahrungsmittel- und Tabakindustrie, die davon profitierten, dass aufgrund der Zölle die ausländischen Firmen in Baden eigene Produktionsstätten aufbauten. Nachdem der Krieg ausgebrochen war, wurden die Außenhandelsbeziehungen weitgehend eingestellt, was insbesondere die Einfuhr, zum Beispiel der Baumwolle, betraf. Auch die Maschinenbauindustrie, die sich in der Region Mannheim-Karlsruhe konzentrierte wurde einerseits vom Materialmangel betroffen, andererseits boten sich durch Rüstungsaufträge neue Expansionsmöglichkeiten. Spätestens 1916 waren die Beschränkungen hinsichtlich Material und Produktion deutlich spürbar, zumal die nahe Front in den Vogesen und die Luftangriffe auf die industriellen Zentren Karlsruhe und das Oberrheingebiet eine verlässliche Produktionsplanung kaum erlaubten. Auch die landwirtschaftliche Produktion war durch die Kriegseinwirkung betroffen, zumal in Baden weniger Vieh- und Weidewirtschaft als Sonderkulturen wie Wein- und Obstbau dominierten.

Grundsätzlich litten die württembergische wie die badische Wirtschaft während des Krieges unter ähnlichen strukturellen Problemen, mit dem großen Unterschied, dass sich die badische Wirtschaft nach dem Ende des Ersten Weltkrieges aufgrund der durch die nun nah herangerückte französische Grenze verursachte »Grenzlandnot« langsamer erholte bzw. teilweise sogar stagnierte.

Die Leistungsfähigkeit der badischen und württembergischen Wirtschaft war während des Krieges eingeschränkt, die

Arbeiterinnen beim Hantieren mit Kanonenhülsen in einem Munitionslager, wie es sie auch in Württemberg und Baden gab.

Metallsammlung in Karlsruhe: Rohstoffe waren Mangelware im Krieg.

knappe Rohstoffversorgung und die mangelnde Transportkapazität sollte sich besonders auf die Rüstungsproduktion auswirken. Im Herbst 1914 kam es zu erheblichem Munitionsmangel an der Westfront.

Erst als das Ausmaß der Munitionskrise erkannt wurde, begann die gezielte Umstellung der zivilen Wirtschaft auf die Kriegswirtschaft. Durch die eingerichtete Kriegsrohstoffabteilung sollten nun die wichtigsten Rohstoffe, Halbfabrikate und Erzeugnisse zentral erfasst und den Produzenten kriegsrelevanter Güter zur Verfügung gestellt werden. Der institutionelle Apparat begann sich 1915 auszudifferenzieren, Rohstoffe sollten vorrangig der Rüstungswirtschaft dienen, die zivile Wirtschaft erhielt nur in Ausnahmefällen Güter zugeteilt. Da allerdings die Rohstoffbewirtschaftung wie die Bewirtschaftung der Nahrungsmittel nicht vor dem Krieg geplant worden war, entwickelte sich ein eng verflochtenes institutionelles Gemenge von staatlichen Institutionen, halbprivaten Vereinen und privaten Unternehmen. Ergebnis war keine nachvollziehbare, rationale Verteilung der Rohstoffe, sondern ein Ringen der Unternehmen um die benötigten Güter. Unternehmen der

Exportindustrie mussten für das Lager produzieren, stellten mangels Rohstoffen und Absatzmärkten ihre Produktion ganz ein oder gleich auf Rüstungsgüter um.

Die Unternehmen, die nun der Kriegswirtschaft zuzurechnen waren, zum Beispiel die Textilindustrie, erhielten von den Bewirtschaftungsabteilungen detaillierte Vorschriften, wie und mit welchen Rohstoffen ihre Güter zu produzieren seien. Da die deutsche Wirtschaft stark von eingeführten Rohstoffen abhängig war, mussten schnell Ersatzstoffe zum Beispiel für Fette oder Baumwolle gefunden werden. Verbreitet im Kampf um die Rohstoffe an der Heimatfront war es, sich Rohstoffen von Konkurrenten anzueignen, indem größere Unternehmen dafür sorgten, dass kleinere Betriebe geschlossen werden mussten oder indem sie sich die Rohstoffe schlicht widerrechtlich aneigneten. Auch kauften bereits 1915 Unternehmen Rohstoffe in neutralen Ländern und lagerten diese dort. Doch ob sie diese auch nach Deutschland einführen konnten, blieb offen und bedeutete ein nicht unerhebliches Risiko.

Ohne die Leistungen der Wirtschaft, der Wissenschaft und Forschung hätte der Erste Weltkrieg nicht geführt werden können. Die Wirtschaft stellte sich Ende 1914 rasch auf die Produktion von Rüstungsgütern ein. Die Entwicklung, Produktion und Verteilung von Rohstoffen und deren Ersatzprodukten ging verhältnismäßig rasch voran und ermöglichte die Kriegführung der kommenden Jahre.

Einsatz der Kriegsgefangenen

Bereits vor Ausbruch des Ersten Weltkriegs hatten sich die Staaten in den Genfer Konventionen und der Hager Landkriegsordnung auf eine humane Behandlung der Kriegsgefangenen geeinigt. Denn Soldaten wurden nun häufiger als in vergangenen Kriegen aufgrund von Einzeloperationen und »Feuerüberfällen« vom Gegner gefangen genommen. Diese Verträge sicherten dem gefangenen Soldaten körperliche Unversehrtheit und Schutz vor Folter zu. Die Soldaten mussten ihren richtigen und vollständigen Namen sowie ihre Einheit nennen. Alle weiteren Informationen wie Stärke der Truppen, Marschbefehle und Ähnliches durften verschwiegen werden. Es sollte sich für die jeweilige Gegenseite nicht lohnen, Soldaten gefangen zu nehmen, um so an Informationen zu gelangen. Auch sollte der Soldat nicht in die Lage gebracht werden, seine Kameraden zu verraten und indirekt für ihren Tod verantwortlich zu sein. Die Freizügigkeit der Soldaten durfte eingeschränkt werden, die Kriegsgefangenen wurden in Lagern untergebracht. Auch bestand eine allgemeine Arbeitspflicht für die Kriegsgefangenen. Sie sollten so für die entstehenden Kosten ihrer Unterbringung und Verpflegung aufkommen.

Bereits in den Grenzschlachten des Herbstes 1914 wurden viele französische Soldaten gefangengenommen, die aber überhaupt nicht zum Arbeitseinsatz verwendet werden konnten, denn die Beschäftigungssituation war kritisch. Viele Unternehmen hatten ihre Tätigkeit eingestellt oder mangels Rohstoffen und verfügbarer Arbeiter ihre Unternehmen aufgelöst. Außerdem richtete sich die Wirtschaft, je länger der Krieg dauerte, auf die Rüstungsproduktion aus. Ein Einsatz der Kriegsgefangenen war in diesen Wirtschaftsbereichen jedoch verboten. Auch in der Landwirtschaft bot sich Ende 1914 kaum eine Beschäftigung, denn die Ernte war bereits eingebracht worden. Vorbereitende Bodenarbeiten standen noch nicht an, der Arbeitskräftebedarf war zunächst also gering und trotz der vielen Eingezogenen bewältigbar. Abhilfe schuf man durch verpflichtende Exerzier- und Freiübungen.

Als ebenfalls problematisch erwies sich, dass beim Eintreffen der ersten Kriegsgefangenen keine Infrastruktur vorhanden war, um sie einquartieren und versorgen zu können. Man hatte aufgrund eines schnellen Feldzuges nicht mit so vielen Kriegsgefangenen gerechnet.

Rasch wurden provisorische Barackenlager erstellt, die die Gefangenen aufnehmen sollten. Vergleichbar waren diese Bauten mit den Baracken für die einheimischen Soldaten, problematisch war und blieb allerdings die sanitäre Infrastruktur.

Gefangene Soldaten vor ihrer Unterkunftsbaracke, vermutlich in Ulm.

An zwei Orten in Stuttgart, in Schwäbisch Gmünd, auf dem Hohenasperg bei Ludwigsburg, in Münsingen und in Ulm wurden diese Lager für den Bereich des XIII. (königlich württembergischen) Armeekorps eingerichtet, bezeichnenderweise in den Garnisonsstädten bzw. auf einem Truppenübungsplatz. Die Gebäude waren bereits im Frieden als Gefängnisse genutzt worden. Allerdings waren die Räumlichkeiten sehr beschränkt, erforderten viel Personal zur Überwachung der Kriegsgefangenen und eigneten sich somit kaum für die Unterbringung vieler Gefangener. Zunächst wurden Offiziere und Mannschaften gemeinsam gefangen gehalten, mit der Zeit wurde in Ellwangen ein eigenes Offiziersgefangenenlager eingerichtet, das später nach Stuttgart verlegt wurde. Dem allgemeinen Platzmangel wurde durch die Einrichtung größerer Lager im Laufe des Jahres 1915 abgeholfen.

Die Unterbringung der Kriegsgefangenen war kaum luxuriös zu nennen. Teilweise sind Klagen über verschimmeltes Stroh als Schlafunterlage oder Beschwerden über die Verpflegung überliefert. Vergleicht man die Situation mit der der württembergischen Soldaten während der Friedenszeit, so sind solche Mängel allerdings nicht ungewöhnlich.

Auch die Verpflegung der Kriegsgefangenen wurde geringer, je länger der Krieg dauerte. Allerdings entwickelte sich die Ernährungslage wie in der deutschen Zivilbevölkerung, war also einem allgemeinen Mangel an Nahrungsmitteln geschuldet. Besonders im berühmten »Steckrübenwinter« von 1916/17 verschärfte sich die Lage bis zum allgemeinen Hunger.

Grundsätzlich wurden die alliierten Soldaten nach den Regeln der Genfer Konventionen behandelt und als menschliches Gegenüber ernst genommen. Erst im Zweiten Weltkrieg wurden diese im Ersten Weltkrieg noch aufrechtgehaltenen Übereinkünfte aufgekündigt. Allerdings wurde mit zunehmender Kriegsdauer in den Kriegsgefangenenlagern auch die zunehmende Verrohung immer offensichtlicher: Die Lagerkommandanten begannen sich abfällig zu äußern, die Kriegsgefangenen nach ihrem Nutzen für die Land- und, unter Bruch der Genfer Konventionen, für die Kriegswirtschaft zu beurteilen und sie – vor allem im Fall der russischen Kriegsgefangenen – als »minderwertige Menschen«[52] zu betrachten.

Dass die Behandlung der Kriegsgefangenen im Ersten Weltkrieg noch einigermaßen human war, lag nicht zuletzt auch daran, dass der Arbeitseinsatz der Kriegsgefangenen in

Ein Arbeitseinsatz von Kriegsgefangenen beim Eisenbahnbau in Karlsruhe-Durlach.

Gewerbe und Industrie bezahlt werden musste. Denn nachdem man begonnen hatte, die Kriegsgefangenen für öffentliche Arbeiten wie die Reinigung von Grünflächen einzusetzen, entbrannte eine Diskussion, ob der Arbeitseinsatz der Kriegsgefangenen nicht der lokalen Wirtschaft schade und Entlassungen zur Folge habe. Durch die Vorschrift, den Arbeitseinsatz in gleicher Höhe zu vergüten wie den Arbeitseinsatz einheimischer Soldaten im Bereich des XIII. (königlich-württembergischen) Armeekorps, wurden die Bedenken zerstreut und das Kriegsgefangenenwesen gleichzeitig mitfinanziert.

Auch führte die Furcht vor Spionage und Sabotage durch die eingesetzten Kriegsgefangenen zu einem gedrosselten Einsatz der fremden Soldaten, die stets bewacht werden mussten. In Heidelberg wurden zum Beispiel französische Kriegsgefangene eingesetzt, um in der Stadt auf öffentlichen Grünflächen Kartoffeläcker anzulegen: »Seit heute früh arbeiten auf dem zur städtischen Anlage vor unserem Hause bestimmten Platz, die dies Jahr mit Kartoffeln bestellt werden soll, französische Zivilgefangene, von zwei Landstürmern mit geladenen Gewehren bewacht. Für die Kinder ist das sehr interessant.«[53]

Obwohl Kriegsgefangene nicht in der Rüstungsproduktion eingesetzt werden durften, kam es mit zunehmender Dauer des Kriegs vermehrt zum Bruch dieser Übereinkunft. Kriegsgefangene mussten fortan nicht nur Munition produzieren, sondern auch zur Unterstützung der deutschen Truppen Nachschub verladen oder Ausbesserungen an militärischen Anlagen leisten. Besonders kritisch war der Einsatz von Kriegsgefangenen in unmittelbarer Frontnähe. Zwar mussten die Kriegsgefangenen nicht kämpfen, dennoch waren sie in solchen Fällen während Schanzarbeiten oder dem Stapeln von Geschossen mitunter in Lebensgefahr. Solche Arbeitseinsätze waren auf nur wenige hundert Arbeiter beschränkt und wurden so auch von alliierter Seite praktiziert. Nichtsdestotrotz verstießen diese Arbeitseinsätze gegen das Völkerrecht.

Nachdem der Krieg 1915 nun schon länger dauerte als anfangs prognostiziert, benötigte insbesondere die Landwirtschaft nun doch dringend Arbeitskräfte, vor allem Mitte des Jahres 1915, als das Einbringen des Heus anstand. Insbeson-

Ein schreiender Hohn auf den Begriff der Gerechtigkeit!

Im Namen der Menschlichkeit und Gerechtigkeit wird von tausenden Angehörigen unserer in Feindesland

schmachtenden badischen Kriegsgefangenen,

denen ich aus dem Herzen spreche und mit denen ich als früherer Leiter der Karlsruher Kriegsgefangenen-Wohlfahrtseinrichtungen des Nachrichtenbüros f. d. neutrale Ausland durch gemeinsame unermüdliche Arbeit zum Wohle unserer gefangenen Brüder eng verbunden gewesen bin, die

alsbaldige Rückführung

derselben dringend gefordert.

Wir können weiterhin nicht mehr dulden, dass die **Unglücklichen,** die jetzt zum grössten Teil schon **jahrelang die Knechtschaft** siegestrunkener Gegner ertragen, auch fortan den

seelischen und körperlichen Qualen

ausgesetzt sein sollen, denen sie auf die Dauer unterliegen müssten.

Zu Frondiensten

will man unsere gefangenen Landsleute, die für das Vaterland gestritten und geblutet haben, zwingen. Wohl haben wir keine Mittel mehr in der Hand um unsere Feinde mit Gewalt von ihrem Vorhaben abzubringen, denn wir sind ihrer Uebermacht erlegen und unsere Macht ist gebrochen. Aber

Gerechtigkeit

wollen wir und wenn uns dieselbe von unseren Feinden nicht bald zu Teil wird, so wird ein **tiefer unauslöschbarer Haß** sich unseres Volkes bemächtigen, der **neue Kriege** heraufbeschwören muß.

Deshalb fordern wir nochmals, daß mit allem Nachdruck auf die

endliche Freilassung unserer Kriegsgefangenen

hingearbeitet werden möge, denn wir glauben immer noch, daß es eine Gerechtigkeit auf der Welt gibt.

Rudolph Katz.

Anmerkung: Obiger Protest wurde an die Waffenstillstandskommission telegraphisch weitergegeben. [illegible] tritt dem „Reichsbund zum Schutze deutscher Kriegs- und Zivilgefangenen" bei, dem sich auch die Kriegsgefangenenfürsorgestellen des Roten Kreuzes angeschlossen haben.

Ein in Karlsruhe gedrucktes Propagandaplakat, das die Alliierten wegen der vermeintlich schlechten Behandlung badischer Kriegsgefangener angreift.

dere Betriebe mittlerer Größe bedienten sich der Kriegsgefangenen, die zur Aufrechterhaltung der Nahrungsmittelproduktion jetzt unbedingt benötigt wurden. Während man also bis Mitte 1915 den Arbeitseinsatz der Kriegsgefangenen eher vorsichtig bewertete, begannen Bauern und Unternehmer im Sommer 1915 verstärkt Kriegsgefangene anzufordern. Diese Nachfrage überstieg rasch das verfügbare »Angebot« an arbeitsfähigen Kriegsgefangenen. Um die größten Engpässe zu lindern, geschah die Zuteilung der Kriegsgefangenen schließlich nach Betriebsgröße.

Auch im landwirtschaftlichen Bereich erging es den Kriegsgefangenen ähnlich wie der durchschnittlichen Bevölkerung. Insbesondere trug dazu bei, dass die Bauern »ihre« Kriegsgefangenen wie ihre eigenen Knechte behandelten, einigermaßen gut versorgten und auf ein Miteinander Wert legten. Beziehungen zwischen männlichen Kriegsgefangenen und einheimischen Frauen kamen durchaus vor. Selbst Hilfeleistungen zur Flucht sind dokumentiert.

Neben den Kriegsgefangenen wurden zudem ab 1916 auch Zwangsarbeiter für die Rüstungsindustrie eingesetzt. Mit dem sogenannten Hilfsdienstgesetz wurden mehr als 60 000 Belgier nach Deutschland deportiert und dort ohne Bezahlung für die Ausrüstung des Heeres eingesetzt. Dies war offenkundig ein Bruch des Völkerrechts und zeichnete den Weg zur Praxis im Nationalsozialismus vor. Der offene Rechtsbruch wurde mit der militärischen Zwangslage begründet, die außergewöhnliche Maßnahmen erfordere. Aufgrund der verhältnismäßig geringen Industriedichte und der relativ großen Entfernung zu Belgien taten in Württemberg nie mehr als 500 Belgierinnen und Belgier ihre Arbeit.

Diffamierungen der Kriegsgefangenen aufgrund von Religion und Nationalität waren in der zweiten Kriegshälfte durchaus üblich. Sogar von »unwertem Leben« oder dem »schädlichen Wirken« der russisch-deutschen Juden ist zu lesen. Auch als »Kriegsgewinnler« wurden Kriegsgefangene und »Displaced Persons« geschmäht, also solche, die aufgrund der Kriegslage nicht in ihre Heimatländer zurückkehren konnten. Der 1917 und 1918 angestaute Volkszorn brach sich in solchen Zuschreibungen Bahn. Mit der tatsächlichen Lage und Lebenswirklichkeit der Kriegsgefangenen hatte dies freilich nichts zu tun.

Insgesamt wurden in Württemberg rund 50 000 Kriegsgefangene als Arbeitskräfte eingesetzt, dies entspricht rund zwei Prozent aller Kriegsgefangenen in Deutschland. Nach Ende des Krieges stellte sich das Problem der Rückkehr in ihre Heimat. Während englische und französische Soldaten recht einfach zurückkehren konnten, nach ihrer Entlassung aus den Kriegsgefangenenlagern teilweise sogar zu Fuß zu ihren Familien gingen, war dies im Fall der russischen und polnischen Kriegsgefangenen deutlich schwieriger. Denn durch die russische Oktoberrevolution hatte sich die politische Lage in Osteuropa gewandelt und blieb unübersichtlich. Als Folge blieben viele russische und polnische Kriegsgefangene weiter in den Lagern interniert bzw. auch nach Kriegsende an ihren alten Arbeitsstätten.

Das Sanitätswesen

Die verlustreichen Kämpfe an Ost- und Westfront während des Jahres 1915 machten es notwendig, die medizinische Versorgung von im Feld verwundeten Soldaten zu professionalisieren. Zunächst wurden die Verwundeten durch Sanitätssoldaten versorgt, die den jeweiligen Angriff begleiteten. Ihre Aufgabe war es, Erstversorgung zu leisten und stark blutende Wunden abzubinden. Nach der Gabe von Wundstarrkrampfserum und Schmerzmitteln wurden die Soldaten – meist erst nach Ende des Gefechts – hinter die eigenen Linien zum Hauptverbandsplatz abtransportiert und dort ärztlich versorgt. Waren die Verwundeten transportfähig, wurden sie in die Feldlazarette verbracht und von dort auf die Krankenhäuser und Genesungsanstalten in der Heimat verteilt. Ein solches »Soldatenheim« befand sich z. B. in Nagold, in dem die Soldaten des XIII. (königlich-württembergischen) Armeekorps ihre Verletzungen auskurieren konnten.

Die Sanitätssoldaten und -ärzte galten im Kaiserreich nicht als vollwertige Soldaten mit Dienstgrad und Rang. So durften bzw. mussten die Sanitätssoldaten ihren Wehrdienst ohne Waffe verrichten, weshalb württembergische Kriegsdienstverweigerer häufig als Sanitätssoldaten eingestellt wurden.

Im Kaiserreich hatte die medizinische Versorgung durch die Gründung des Roten Kreuzes, die sorgsame Ausbildung der Sanitätssoldaten durch Fachpersonal und der Einrichtung

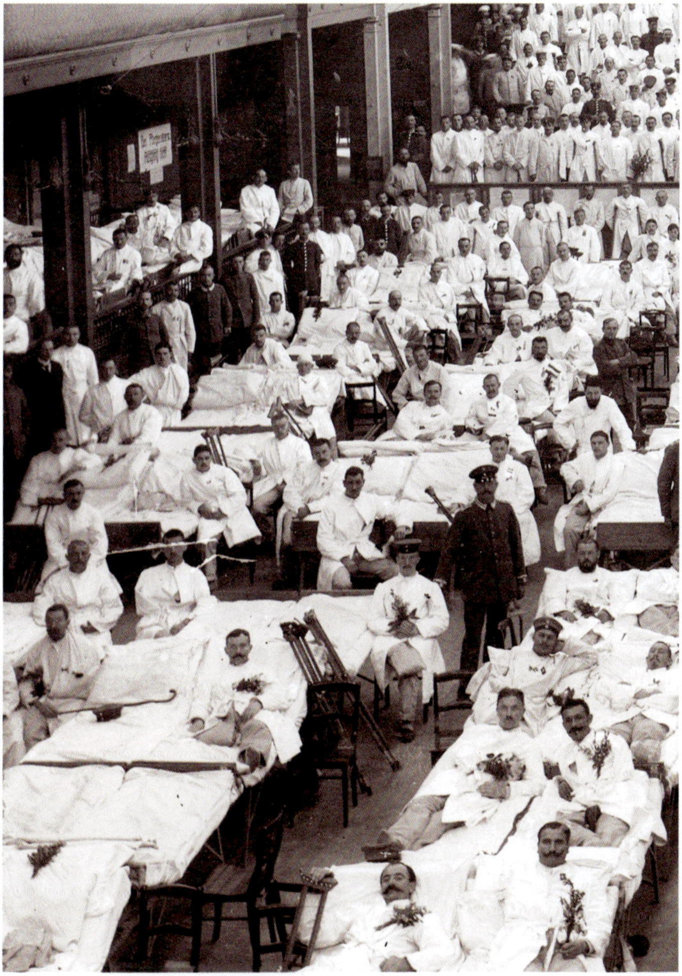

Ein in einer Festhalle provisorisch eingerichtetes Karlsruher Lazarett für verwundete und versehrte Soldaten.

der Feldlazarette eine enorme Professionalisierung erfahren. Das Rote Kreuz hatte zunächst Freiwillige in der Erstversorgung von Verletzten ausgebildet, dann aber auch Krankenschwestern, die in den Lazaretten ihren Dienst versahen. Auch Diakonissen wurden von der Armee als »Lehrschwestern« zur Anleitung der männlichen Sanitätssoldaten schon weit vor dem Krieg eingesetzt. Gerade der badische Frauenverein unter Leitung der Großherzogin machte sich um die Pflegeberufe und die Frauenbeschäftigung verdient. Mit zunehmender

In einer erst kurz zuvor fertiggestellten Werkshalle in Stuttgart-Feuerbach ließ Robert Bosch 1914 ein Kriegslazarett einrichten.

Kriegsdauer wurde es selbstverständlich und notwendig, dass Frauen verletzte und versehrte Männer versorgten, eine Vorstellung, die am Beginn des Krieges noch Unbehagen in der männlichen Bevölkerung verursacht hatte.

Die Errichtung der Feldlazarette war am Anfang des Krieges noch recht unorganisiert, trotzdem trugen diese dazu bei, die Verwundeten zu versorgen. Die meisten Soldaten, die es in die Feldlazarette geschafft hatten, überlebten ihre Verwundung. Im Graben und den Hauptverbandsplätzen war die Lage schlechter, dort starben viele Soldaten. Zuerst musste der Verwundete das Ende der Schlacht erleben, große, stark blutende Wunden und die Verletzung von inneren Organen führten bis dahin aber häufig zum Tod. In den Hauptverbandsplätzen grassierten ansteckende Krankheiten, mit zunehmender Kriegsdauer verbreiteten sich Fleckfieber und andere Infektionskrankheiten, die sich die Soldaten beim wochenlangen Ausharren in den Gräben zugezogen hatten. Von zwei verwundeten Soldaten starb im Durchschnitt einer, in modernen Kriegen zählt die Statistik dagegen einen Toten auf rund 20 Verwundete. Allerdings bindet ein verwundeter Soldat deutlich mehr Kräfte als ein toter. Ungefähr sechs bis acht Personen müssen sich um einen verletzten Soldaten kümmern. Entsprechend hoch war der Personalbedarf des Sanitätsdienstes.

Verletzungen, Krankheiten und Verstümmelungen waren ein alltäglicher Anblick an den Fronten. Der Gaseinsatz, die schwere Artillerie und die Maschendrahtverhaue der Westfront verursachten Verletzungen, die auch für die Soldaten bislang unbekannt gewesen waren. Besonders litten die Soldaten aber unter ihren psychischen Verletzungen, die weder zu heilen noch überhaupt als Krankheiten anerkannt waren. Das sogenannte »Kriegszittern« war dem Bild des »tapferen Soldaten« abträglich. Ebenso half es wenig, dass die aus dem Weltkrieg verstümmelt heimkehrenden Soldaten neben ihren körperlichen Schmerzen und seelischen Verwundungen von der Zivilgesellschaft weitgehend ignoriert wurden.

Im Ganzen aber war der Sanitätsdienst im Ersten Weltkrieg auf der Höhe der Zeit. Die ersten Krankenwagen fanden ihren Einsatz, das neuartige Röntgen durch mobile Wagen verbreitete sich rasch, so dass die Überlebensrate im Lazarett im Vergleich zu Kriegen des 19. Jahrhunderts deutlich höher lag.

Der Luftkrieg erreicht den Südwesten

Als neue Kriegswaffe wurden im Ersten Weltkrieg erstmals Luftschiffe und Flugzeuge eingesetzt. Zunächst hauptsächlich zur Aufklärung verwendet, begannen schon bald erste Flieger Bomben abzuwerfen. Waren es am Anfang noch einfache Metallstifte und auf dem Flugzeug montierte Maschinengewehre, entwickelte sich die Bombentechnik rasch, so dass ständige Gefahr aus der Luft drohte: Der Bodenseeraum und der Rhein von Freiburg bis Karlsruhe lagen im Operationsbereich der französischen Flieger, selbst der Großraum Stuttgart wurde angegriffen. Auf Freiburg ereignete sich der erste Luftangriff schon am 6. August 1914, als zwei französische

Die Bomben auf Karlsruhe forderten, wie hier in der Erbprinzenstraße, Todesopfer unter der Zivilbevölkerung. Einen wirksamen Luftschutz gab es noch nicht.

Flugzeuge die Stadt angriffen. Auch Karlsruhe wurde mehrmals von Flugzeugen »besucht«, wie es in zeitgenössischen Quellen heißt.

Einen regulären Luftschutz gab es während des Krieges nicht, es fehlte an der Luftaufklärung, um die Bevölkerung rechtzeitig zu warnen. Die Hilfslosigkeit der Zivilisten wie der Behörden in den ersten Tagen des Luftkriegs spiegeln Tagebucheinträge deutlich wider, wie zum Beispiel dieser, der aus einem Tagebuch eines Freiburgers stammt: »Überall reißen die Leute ihre Karabiner hoch und knallen in unbeschreiblicher Aufregung in den blauen Himmel [...]. Auch ich habe mir den nächsten besten Karabiner und Munition gegriffen [...]. Da durchschießt mich plötzlich ein fataler Gedanke; Wie muß man denn für so etwas eigentlich sein Visier einstellen?«[54] Unter diesen Bedingungen war natürlich kaum an eine effektive Verteidigung zu denken. Der einzige Schutz für die Bevölkerung bestand darin, sich nicht in öffentlichem Raum aufzuhalten und den Angriff abzuwarten. Da die meisten Toten zu beklagen waren, wenn ein Haus direkt getroffen wurde bzw. wenn sich Menschen während des Angriffs auf offener Straße bewegten, rieten die Behörden, dass man sich in ausgewiesene Luftschutzkeller retten sollte. Ebenso half der Wegzug aus den größeren Städten, da das umgebende Land vom Luftkrieg wenig betroffen war. Die zivile Kommunikation wurde im Angriffsfall unterbrochen: So schreibt die württembergische Telefonistin Paula Beutler aus Ludwigsburg: »Hier im Amte bekomme in den letzten Tagen eine neue Einrichtung, im Falle Flieger hierher kämen. Es wurde im Keller ein dreißigfacher Umschalter eingerichtet. Im eintreffenden Falle wird das Amt oben ausgeschaltet u[nd] man hat sich schleunigst in den Keller zu begeben. Von dort aus kann man mit den amtlichen Stellen verkehren, ebenso mit auswärts. Private sind ausgeschaltet!«[55]

Es fehlte an geeigneten Waffen zur Luftabwehr, an ausreichend Jagdflugzeugen, um die angreifenden Flugzeuge abzuwehren, an entsprechender Luftaufklärung und an der Koordination des Ganzen, wie ein Bericht eines Fliegers be-

Ein durch Fliegerbomben zerstörtes Haus in Karlsruhe.

legt: »Gerade wie wir gestern im schönsten Zusammenpacken waren, kam der ›Alarm‹. Der erste zu spät, natürlich. Da konnten wir die Feinde genau so wenig erreichen, ebenso wenig wie die Artillerie. Nach meiner Schätzung kamen sie 5000 m hoch, und ich mit meiner Maschine kam glücklich auf 3800 m [...] Aber noch nie habe ich so ein Feuer bekommen wie von der eigenen Artillerie. [...] Mitten im Luftkampf setzten sie mir eine Granate vor die Nase, so daß ich schleunigst ausbüchsen mußte.«[56]

Eine effektive Abwehr der Luftangriffe konnte im ganzen Ersten Weltkrieg nicht aufgebaut werden. Die Bedrohung der Bevölkerung nahm solche Ausmaße an, dass verlangt wurde – unter Bruch des Völkerrechts – in den großen Städten Badens Kriegsgefangenenlager anzulegen, um so die Angriffe zu minimieren und die Gefangenen als menschliche Schutzschilde zu gebrauchen. So schreibt eine Freiburger Zeitung über die Forderungen Freiburger Frauen: »Nach dem furchtbaren Fliegerangriff verlangen wir Freiburger Frauen, daß die gleichen Vorsichtsmaßnahmen getroffen werden wie in Karlsruhe, u[nd] zwar [dass] 1000 gefangene englische Offiziere hier[herkommen]. Andernfalls wir u[nd] unsere sämtlichen Bekannten von hier wegziehen, den vielen andern nach, die schon weg sind.«[57] Und der Heidelberger Universitätsprofessor Karl Hampe fasst die Situation in Karlsruhe so zusammen: »Karlsruhe ist von einem starken Bombardement von 23 Fliegern heimgesucht worden. Sie haben das Schloß vor allem aufs Korn genommen. Es hat über zwanzig Tote und an die sechzig Verletzte gegeben! Eine barbarische Art der Kriegführung. Aber mit den gegenseitigen Repressalien steigert man sich gegenseitig, so daß vom Völkerrecht schließlich nichts mehr übrig bleibt. In Heidelberg sind auch schon Versuche mit Signalen angestellt, die sehr schwach hörbar waren. In den Schulen wird geübt, ohne Verwirrung in den Keller zu gehen. Die Abwehr ist allenthalben unwirksam.«[58]

Dass natürlich auch an der Front »Fliegerbesuche [...] fast täglich stattfanden«, wie der Rottweiler Eugen Speh schreibt, ist kaum erwähnenswert, sondern war Alltag.[59] Dort erkundeten Flugzeuge auch das Gelände und halfen der

Artillerie ihre Ziele zu finden. Das Flugzeug entwickelte sich im Laufe des Weltkrieges zu einer Art Universalwaffe, deren Potenzial aber erst im Zweiten Weltkrieg voll zum Tragen kommen sollte.

Kurz nach einem Luftangriff auf Karlsruhe, im Hintergrund die durch den Angriff Getöteten.

Ob nun an der Front oder in der Heimat, die psychischen Auswirkungen des Ersten Weltkrieges waren die gleichen, wie sie aus Beschreibungen der Luftangriffe des Zweiten Weltkrieges bekannt sind. Allerdings haben sich die Erfahrungen der Bevölkerung aus dem letzten Weltkrieg über die des Ersten Weltkrieges gelegt. Statistisch war der Bombenkrieg im Zweiten Weltkrieg weitaus umfangreicher, die psychologische Auswirkungen im Ersten Weltkrieg waren aber mindestens ebenso stark, wenn nicht aufgrund der Neuheit der Erfahrung noch größer. So berichtet ein Psychiater auf einer Tagung 1917: »Die unmittelbar bemerkbaren Wirkungen während eines Fliegerangriffes sind die […] Symptome der Angst. Am häufigsten sind Zittern und Blässe, aber auch, neben mehr oder weniger mechanischem Beten, Zustände von hysterischem Lachen, akute Diarrhöen, stark vermehrte

Urinausscheidungen und lebhafter Durst. […] Nervöses Erbrechen […] nervöses Asthma, Schwindelanfälle werden ebenso erwähnt wie echte hysterische Anfälle, namentlich mit heftigen Schreiäußerungen.«[60]

Die Vorstellungen vom heroischen Luftkampf im Ersten Weltkrieg, als »Helden« wie der »Rote Baron« Manfred von Richthofen Mann gegen Mann in der Luft kämpften, sind der Propaganda geschuldet. »Sauber« war der Luftkrieg auch im Ersten Weltkrieg nicht. Zwar galt am Anfang des Krieges ein gewisser »Ehrenkodex« unter den Piloten – so erwiesen die britischen Soldaten dem »Roten Baron« mit einem Überflug über die Begräbnisstelle die letzte Ehre –, das Ziel aller »Flieger«, wie die Zeitgenossen sagten, aber war es, den Gegner abzuschießen. Der Ruhm der Flieger war vor allem ein nachträglicher, als die Überlebenden mit der Veröffentlichung von »Erinnerungen« den Fliegermythos konstruierten und ihn – zum Beispiel durch Kunstflugveranstaltungen – schlicht zum Lebenserwerb nutzten. Der berühmte Ernst Udet zeigte seine Flugkunst beispielsweise auf dem Böblinger Flugfeld.

Eine durch Bomben getötete Person in der Bürgerstraße in Karlsruhe, am linken Bildrand die zusammengelaufene Menge.

Die Bilanz des Luftkrieges für Freiburg zeigt, dass im Ersten Weltkrieg insgesamt 1407 Bomben abgeworfen wurden, die 678 Menschen töteten. Karlsruhe traf es weitaus schlimmer, als am 22. Juni 1916 alliierte Flieger einen Angriff flogen und dabei ein voll besetztes Zirkuszelt trafen. Mindestens 117 Menschen, darunter 85 Kinder, starben durch die feindlichen Treffer. Allerdings war dieser Angriff eher ein unglückliches Versehen, denn das Ziel der Bomben war eigentlich der Karlsruher Bahnhof. Dessen Vorgängerbau hatte an der Stelle des Zirkuszeltes gestanden, war zwischenzeitlich aber an der heutigen Stelle neu errichtet worden. Die angreifenden französischen Bomberpiloten verfügten nur über altes Kartenmaterial.

Der Luftkrieg im Ersten Weltkrieg überforderte Menschen, Behörden und Soldaten. Im Laufe des Krieges entwickelten sich erste rudimentäre Schutzmaßnahmen, die aber kaum etwas ausrichten konnten. Die psychologischen Auswirkungen auf die Moral der Bevölkerung waren immens. Der Luftkrieg war zwar nicht entscheidend, sein Potenzial als »Terrorwaffe« war aber mehr als deutlich geworden.

Der Seekrieg ist weit weg

Die deutsche Flotte war vor dem Ersten Weltkrieg erheblich aufgerüstet worden. Nach England besaß das Deutsche Reich die meisten Schiffe in Europa. Allerdings konnte man die Seestreitkräfte militärisch kaum einsetzen, waren sie doch den englischen offensichtlich unterlegen. Beide Seiten vermieden eine offene Seeschlacht. Nur zwei Gefechte fanden in der Nordsee statt. Am 24. Januar 1915 kämpften mehrere Schiffe das Gefecht bei der Doggerbank, das unentschieden endete. Die am 31. Mai/1. Juni 1916 stattfindende Skagerrakschlacht zwischen dem englischen und deutschen Flottenverband brachte ebenfalls kein Ergebnis. Einzig die U-Boote konnten Schiffe auf beiden Seiten versenken. Aufgrund der schlechten Aufklärung und der neuen Technik wurden auch zivile

Schiffe getroffen, was aber in Kauf genommen wurde und völkerrechtlich nicht unter Strafe stand.

Der Seekrieg war weder kriegsentscheidend noch zog er in Süddeutschland größere Aufmerksamkeit auf sich. Eher registrierte man in Württemberg und Baden die dürftigen Ergebnisse des Seekrieges. Die große Flottenbegeisterung der Vorkriegszeit, als in den beiden Ländern Flottenvereine gegründet worden waren und Kinder Matrosenanzüge trugen, war nun endgültig verflogen.

Die Lage an den Fronten 1915

Die Westfront

Das Jahr 1915 begann mit leichten Geländegewinnen für die deutschen Truppen bei Soissons. Das ganze Jahr 1915 war durch mehrere Durchbruchsversuche gekennzeichnet, die allerdings den Frontverlauf nicht entscheidend verändern konnten.

Die wichtigste Schlacht der ersten Jahreshälfte, die unter wesentlicher Beteiligung württembergischer und badischer Truppen stattfand, war die zweite Flandernschlacht. Unter dem Kommando von Herzog Albrecht von Württemberg wurde erstmals von deutscher Seite Giftgas eingesetzt, um einen Vorteil gegenüber den Alliierten zu erhalten. Völkerrechtlich war der Einsatz des Giftgases nicht verboten und fast schon gängige Praxis. Denn auch die Alliierten experimentierten mit der allerdings »nur« erstickenden Wirkung von Bromessigester. Allerdings gab es kaum Erfahrungen im Umgang mit Giftgas. Der Einfachheit halber wurden am Anfang des Krieges noch keine Giftgasgranaten verschossen, sondern Chlorgas aus Flaschen abgeblasen, wenn der Wind einigermaßen günstig stand.

Die Verluste auf beiden Seiten waren dann auch dementsprechend, so dass Giftgas zwar im Ersten Weltkrieg immer wieder eingesetzt wurde, die militärische Wirkung aber eher zu vernachlässigen war. Durch die zunehmende Beherr-

schung der Technik und die fortschreitende Entwicklung der Giftgase erlitten viele Soldaten Verätzungen der Atemwege und der Augen und wurden »gaskrank«. Die zahlreichen Versehrten mit Atemwegsproblemen nach dem Krieg erklären sich durch diesen Giftgaseinsatz. Rund eine Million Menschen wurden vom Gaskrieg direkt betroffen. Ebenfalls in Flandern wurde das XIV. Armeekorps eingesetzt, die (badische) 28. und die 29. Infanteriedivisionen kämpften bis zum 8. Mai dort und im Artois.

Ein siegreiches, vermutlich württembergisches Regiment bei der Parade.

Schwere Kämpfe entwickelten sich 1915 am Vogesenkamm. Die deutschen Truppen, vor allem die 7. Landwehrdivision, die aus den württembergischen Landwehrregimentern gebildet worden war, sowie die Truppen des stellvertretenden XIV. Armeekorps, das zunächst nach ihrem Kommandeur Armeegruppe Gaede hieß und 1916 in Armeegruppe B unbenannt wurde, befanden sich dabei im leichten Vorteil. Denn sie kontrollierten die Ebene, während die französischen Truppen ihren Nachschub und ihr Vorrücken durch die Vogesen organisieren mussten.

Die schwersten Kämpfe entwickelten sich am Hartmannsweilerkopf (elsässisch: Hartmannswillerkopf; französisch:

Deutsches Lager am Hartmannswillerkopf im Elsass.

Vieil Armand) im April und November 1915, nachdem es der 7. Landwehrdivision gelungen war, den Hartmannsweilerkopf sowie den Lingekopf zu besetzen. Schließlich entbrannten um beide Bergspitzen heftige Feuergefechte, die damit endeten, dass sich beide Seiten eingruben. Die deutschen Truppen bestanden hauptsächlich aus Reserveeinheiten, die zudem im bergigen Gelände kaum Kampferfahrung hatten.

Die Kämpfe um den Hartmannswillerkopf wurden erst mit der deutschen Kapitulation 1918 beendet. Bis dahin sollten hier rund 30 000 Soldaten den Tod finden. Ein ähnliches Bild zeigte sich am Lingekopf, als allein 1915 10 000 Soldaten starben. Obwohl schwerer Artilleriebeschuss, Gas und sogar Flammenwerfer eingesetzt wurden, fanden die vielen Vorstöße im Juli und August 1915 keine Lücke in den Befestigungen. Im Herbst 1915 hatten sich beide Seiten vollständig eingegraben, Kommandounternehmen wurden mit schwerem Artilleriefeuer beantwortet, die Stellungen konnten nicht entscheidend verlagert werden. Auch am Lingekopf erstarrte der Frontverlauf und veränderte sich bis zum Kriegsende nicht mehr. Ähnliches ereignete sich auch am Sudelkopf und am Reichackerkopf. An der allgemeinen Lage änderten die Kämpfe in den Vogesen nichts.

Die 27. Infanteriedivision des XIII. (königlich-württembergischen) Armeekorps wurde in der ersten Jahreshälfte 1915 weiterhin an der Westfront eingesetzt, wo sie bei Ypern, in den Argonnen aufgestellt war. Während die 7. Landwehrdivision und die badische Armeeabteilung Gaede mit Ausnahme der Kämpfe am Lingekopf und am Hartmannsweilerkopf eher als Grenzschutz eingesetzt waren, trugen das württembergische Infanterieregiment 126 und das württembergische Reserveinfanterieregiment Nr. 120 die Kämpfe der zweiten Flandernschlacht mit.

Zwischen Mai und Juli kam es zur Lorettoschlacht, an der im ersten Monat vor allem die im Westen verbliebenen badischen Truppen des XIV. Armeekorps sowie das württembergische Reserveinfanterieregiment Nr. 120 teilnahmen, und in der die Alliierten versuchten, einen Durchbruch bei Lille und Arras zu erreichen. Aber auch hier konnte sich keine Seite entscheidend durchsetzen. Nach dem Ende der Schlacht

Ein französischer Soldat auf Beobachtungsposten bei Eglingen, südlich von Mühlhausen (heute Mulhouse).

Gegenüberliegende Seite: Das Töten an der Front ging weiter und weiter – dieses Blatt aus den Beständen des Stadtarchivs Mannheim ruft 1915 zur Identifikation getöteter unbekannter Soldaten auf. Bezeichnenderweise durfte es nicht öffentlich ausgehängt werden.

wurde das XIV. Armeekorps in die Champagne verlegt, wo sich die Soldaten von den Strapazen erholen konnten.

Der August diente zur Reorganisation der Truppen an der Westfront. Vor dem Einbrechen des Winters unternahm die Oberste Heeresleitung einen weiteren Durchbruchversuch, die Herbstschlacht in der Champagne, unter Beteiligung der 27. württembergischen sowie der badischen 28. und 29. Infanteriedivisionen. Die enormen Verluste auf beiden Seiten konnten nicht mehr ersetzt werden. Trotz der ungeheuren Anstrengungen brachte das Jahr 1915 keine Entscheidung an der Westfront.

Die Ostfront

An der Ostfront begann das Jahr 1915 mit einigen Erfolgen. In der Winterschlacht in den Karpaten gingen deutsche und K.-u.-k.-Truppen gegen russische Stellungen vor, so dass es gelang, die russische Armee zurückzudrängen. Im Februar konnten Hindenburg und Ludendorff in der Schlacht an den Masurischen Seen (die nicht mit der Masurenschlacht im Herbst 1914 verwechselt werden darf) die russische Njiemenarmee vernichtend schlagen und rund 100 000 russische Soldaten gefangen nehmen.

Die württembergische 26. Infanteriedivision wurde im März 1915 an die Ostfront verlegt. Dort wurde die Division, unterstützt vom Feldartillerieregiment Nr. 13, bei Przasnysz (nördlich von Warschau) verwendet, um die ostpreußische Grenze zu sichern bzw. um westlich von Warschau eingesetzt zu werden. Das Feldartillerieregiment Nr. 13 wurde im Beskidenkorps am Lubkowpass in der Nähe von Przemysl eingesetzt.

Bereits im November 1914 waren die badischen Truppen an die Ostfront verlegt worden und machten die Feldzüge des ersten Halbjahres mit, meist als Flankenschutz für die Armeen. So operierte die 28. Kavalleriebrigade in der Memelgegend und später an der Düna, während die Reserveinfanterieregimenter Nr. 249 und Nr. 250 bis Wilna (Kaunas) vorrückten. Ein entscheidender Anteil an den Schlachten kam diesen Einheiten aber nicht zu.

Beilage zur Deutschen Verlustliste vom 20. Juli 1915.

☛ Das öffentliche Aushängen dieser Bilder ist verboten. ☚

Sonder-Verlustliste des Deutschen Heeres Nr. 7.

Nachdruck gestattet und erwünscht. — Klischees gibt die Norddeutsche Buchdruckerei und Verlagsanstalt, Berlin SW. 48, Wilhelmstr. 32, zum Selbstkostenpreise ab.
Dieses Blatt ist bei der Norddeutschen Buchdruckerei und Verlagsanstalt, Berlin SW. 48, Wilhelmstr. 32, für 15 Pfennig einschl. Porto erhältlich.
Betrag der Bestellung beifügen. Nachnahmesendungen erfolgen nicht.

Wer sind die Gefallenen?

1. IIa/U—U 31/15 NB.
Beerdigt 12. X. 14 in Lens vom Feld-Laz. 3, XIV. A.-K., Größe 1,65 m, etwa 32 Jahre, braune Haare, Augen blau, Brauen stoßen zusammen, mittlere ob. Schneidezähne bes. groß.

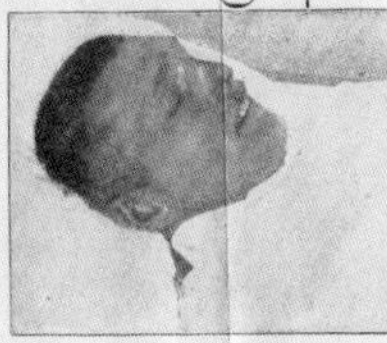

2. IIa U—U 33/15 NB.
Tot eingel. 1. IV. 15 Ref.-Laz. Tilsit.

3. IIa/U—U 101/15 NB.
Eingel. 23. II. 15 v. d. Truppe, † 9. III. 15 im Landw.-Feld-Laz. 2 Stawiski, etwa 20—22 Jahre alt, 1,70—1,75 m groß, hager, Augen blau, Nase gerade u. groß, Haare dunkelblond,

4. IIa/U—U 79/15 NB.
Eingel. im Kr.-Laz. Labry 6. IV. 15, gest. 25. IV. 15.

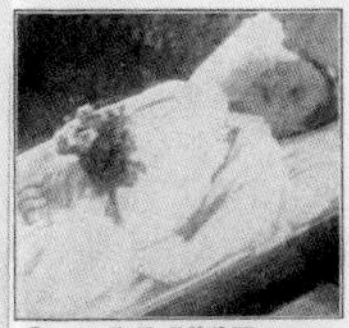

5. IIa/U—U 89/15 NB.
Gest. am 23. XI. 14 im Ver.-Laz. Lissa i. Pr., vorher im Ref.-Laz. Ostrowo. Name angebl. „Albert".

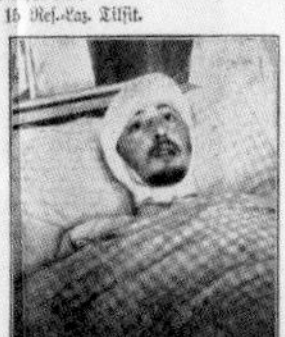

6. IIa/U—U 22/15 NB.
Wahrscheinlich etwa 26. X. 14 bei Romanow verw., eingel. Ref.-Laz. Berlin-Mariendorf aus Lötzen am 16. XI. 14. † 21. XI. 14; 20—22 J. alt, 1,65 bis 1,68 m groß, dunkelblond, Bart vermutlich erst im Felde gewachsen, Augen grau, tätowierte Hobelbank, Hammer und Säge linker Unterarm.

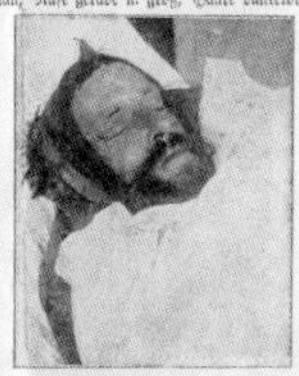

7. IIa/U—U 34/15 NB.
Tot eingel. Ref.-Laz. Tilsit 24. III. 15.

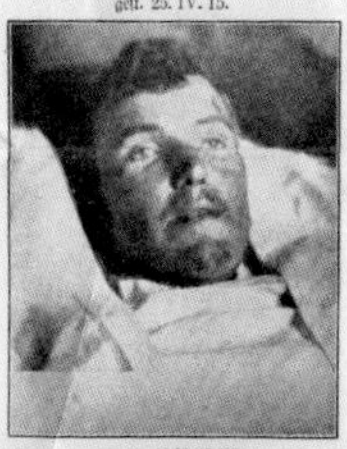

8. IIa U—U 83/15 NB.
In H.-Laz.-Zug E in Blamond am 11. IX. 14 aufgen., eingel. im Ref.-Laz. II Mannheim am 12. IX. 14, gest. 14. IX. 14.

9. IIa/U—U 2/15 NB.
Am 27. II. 15 in Lowicz Vereinslazarettzug P mit Kopfschuß eingel., am 1. III. 15 Ref.-Laz. Cöpenick, dort † 5. IV. 15; auf dem Unterarm Tätowierung: R. K. Kiel.

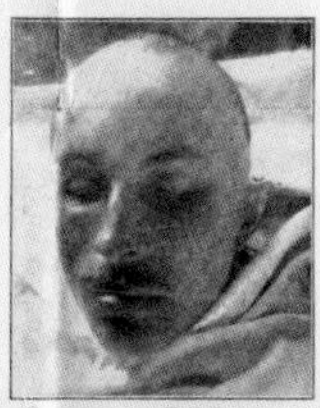

10. IIa U—U 27/15 NB.
Eingel. i. Baracken-Laz. Tempelhofer Feld am 19. III. 15 aus Kr.-Laz. Adrian Thomaszow, gest. 20. III., Erk.-M. 1040 angebl. Ers.-Batl. Inf.-Rgt. 62, dort unbekannt.

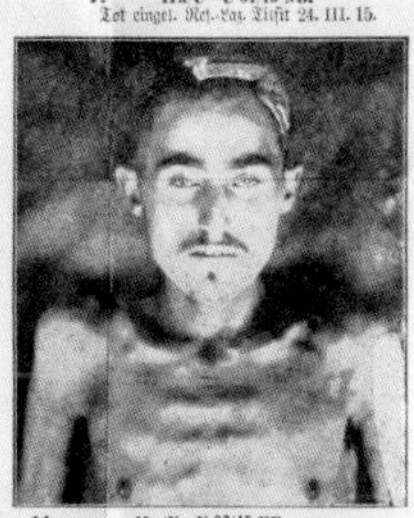

11. IIa/U—U 67/15 NB.
Eingel. aus Feld-Laz. 6 Lowicz im Ref.-Laz. V Hamburg-Altena 10. II. 15, gest. 13. II. 15, angeblich XIII. A.-K.

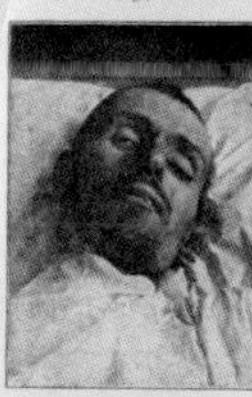

12. IIa U—U 80/15 NB.
Lungenschuß eingel. mit Sanitätszug 9 III. 15 Fest.-Hauptlaz. Königsberg, † 10. III. 15.

13. IIa/U—U 26/15 NB.
Aus Feldlaz. Kutno im Ref.-Laz. Nürnberg II eingel., † 22. XII. 14; groß, schwarz. Haar, etwa 25 Jahr alt, viell. Ostpreuße

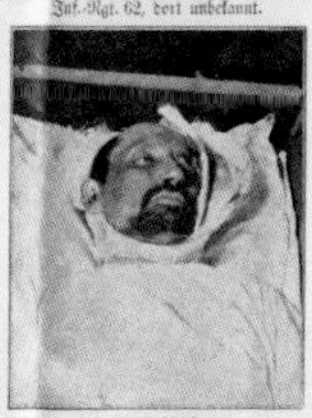

14. IIa U—U 21/15 NB.
Tot eingel. Fest.-Hauptlaz. Königsberg 15. III. 15.

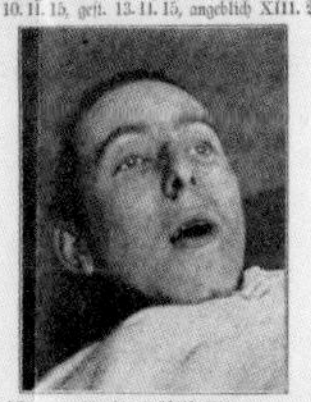

15. IIa U—U 19/15 NB.
Tot eingel. Fest.-Hauptlaz. Königsberg 12. III. 15.

Rechter Unterarm untenst. Tätowierung

16. IIa U—U 104/15 NB.
† 12. V. 15 Kriegs-Laz. Donat, Größe 1,78 m, etwa 20 Jahre alt, blaue Augen, krauses hellbl. Haar.

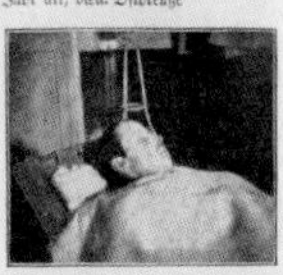

17. IIa/U—U 16/15 NB.
Eingel. Feld-Laz. 10 XIV. A.-K. 20. XII. 14, † 23. XII. 14.

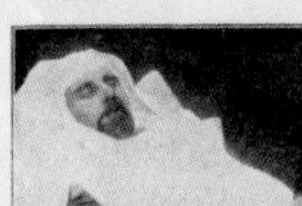

18. IIa/U—U 20/15 NB.
Eingel. am 11. III. 15 im Kr.-Laz. Guillery-Lodz, vermutlich aus Lazarettzug Hindenburg, † 15. III. 15. Größe 1,65 m, l. unterer Eckzahn vorspringend, Narbe am l. Knie, Warzen am unt. Ende des Brustbeins.

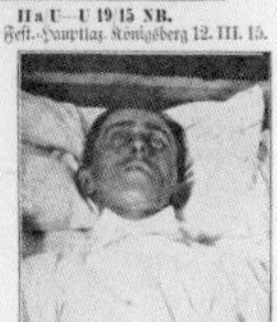

19. IIa/U—U 7/15 NB.
Tot eingel. Fest.-Hauptlaz. Königsberg 15. III. 15; ist festgestellt als Jos. Becker II vom I.-R. 166. 11. Komp.

Jedermann wolle aufklärende Mitteilungen unter Angabe der Nummer des Bildes an das Kgl. Preuß. Zentral-Nachweise-Bureau, Berlin NW 7, Dorotheenstr. 48, richten.

Druck der Norddeutschen Buchdruckerei und Verlagsanstalt, Berlin SW, Wilhelmstraße Nr. 32.

Die Neuaufstellung der deutschen Truppen im Frühjahr 1915 schritt rasch voran, so dass bereits am 2. Mai mit einer neuen, von den österreichischen und deutschen Truppen gemeinsam geführten Offensive in Richtung Gorlice-Tarnow vorgestoßen werden konnte. Nun gelang es, tief in die russischen Reihen vorzudringen. Am 22. Juni fiel Lemberg (Lviv), im Juli und August rückten die Truppen ohne größeren Widerstand vor, Warschau und Brest-Litowsk wurden besetzt. Die 26. Infanteriedivision folgte der allgemeinen Heeresbewegung, stieß bis an die Memel vor und operierte so hinter der Front. Andere württembergische Truppen kämpften sich bis zur Jasjolda vor. Kriegsentscheidend war dieses Vorrücken aber ebenfalls nicht.

Positiv für die Oberste Heeresleitung war nun, dass die unmittelbare Gefahr einer russischen Besetzung Ostpreußens gebannt war. Durch die Schwächung der russischen Truppen waren erneute Angriffe der russischen Kräfte erst einmal unwahrscheinlich.

Die südlichen Kriegsschauplätze

Als der Erste Weltkrieg 1914 ausbrach, blieb lange unklar, wie sich Italien verhalten würde. Durch Verträge war Italien sowohl Deutschland und Österreich-Ungarn als auch England, Frankreich und Russland verbunden. Italien versuchte zunächst, einen strikten Neutralitätskurs zu steuern, erklärte 1915 – nach der Zusicherung größerer Gebietsgewinne durch die Alliierten auf der Londoner Konferenz am 26. April – aber schließlich Österreich-Ungarn, noch aber nicht dem Deutschen Reich, den Krieg.

Da Südtirol Teil Österreich-Ungarns war, verlief die Front an den Ufern des Isonzo. Entlang dieses Flusses entwickelten sich während des ganzen Weltkriegs zwölf überaus verlustreiche Schlachten. Vier dieser Schlachten fanden 1915 statt und brachten keine Entscheidung. Die Oberste Heeresleitung beschränkte sich darauf, das Alpenkorps zur Verstärkung nach Österreich zu verlegen. Hauptaufgabe war es, einen Einfall italienischer Truppen nach Österreich zu verhindern. Italienisches Gebiet durften die deutschen Truppen 1915 aber nicht betreten.

Große Veränderungen ergaben sich, als im Oktober 1915 die 26. Württembergische Infanteriedivision von der russischen Grenzsicherung abgezogen und auf den Balkan verlegt wurde. Denn dort entwickelte sich die Lage für die Mittelmächte positiv. Griechenland war 1914 neutral geblieben, erlaubte aber notgedrungen englisch-französischen Verbänden die Landung in Thessaloniki. Dies führte zum Kriegseintritt Bulgariens auf der Seite Deutschlands und Österreichs, da sich Bulgarien Gebietsgewinne in Makedonien und dem nördlichen Griechenland erhoffte.

Da Serbien nun von drei Seiten angegriffen werden konnte, fiel Belgrad im Herbst 1915 in die Hand der Mittelmächte. Nachdem die serbischen Truppen aufgerieben waren und sich die württembergischen Truppen bei Krusevac und Pristina mit den bulgarischen Truppen getroffen hatten, wurden diese zurück an die Westfront nahe Ypern zurückverlegt. Mit dieser verheerenden Niederlage schied Serbien auf der Seite der Alliierten aus dem Krieg aus. Die deutsche Oberste Heeresleitung wollte im Oktober die eigenen Truppen reorganisieren und Nutzen aus der Besetzung Serbiens ziehen. Während sich also im Osten und Westen kaum etwas verändert hatte, bot die Lage auf dem Balkan für die deutsche Regierung ein wenig Hoffnung auf ein siegreiches Ende des Krieges.

Insgesamt veränderte sich die Situation an allen Fronten um den Jahreswechsel kaum. Allerdings führte die lange Kriegsdauer nun zu Hunger und Elend in der Heimat, die von der badischen und württembergischen Regierung bekämpft werden mussten, um die Kriegsfähigkeit Deutschlands zu erhalten – die Alternative wäre eine Kapitulation gewesen, doch 1916 war es dafür noch zu früh.

Sammelt die Obstkerne
und schickt sie durch Eure Kinder in die Schule oder an die nächste Sammelstelle!
Gipkens
Kriegsausschuß für Öle und Fette
Berlin W-8
HOLLERBAUM & SCHMIDT · BERLIN

Die Not war groß:
Plakat, das zum Sammeln
von Obstkernen aufruft.

1916 – Ohnmacht und Mangel

»Das Militär kommt nach der Politik,
nur im Kriege ist es ihr Schrittmacher.«
(Erich von Ludendorff)

Es mag verwundern, dass bisher relativ wenig von den Regierungen von Baden und Württemberg bzw. von deren Regenten Großherzog Friedrich II. und König Wilhelm II. die Rede war. Zurückzuführen ist das vor allem auf die politische Struktur im Deutschen Reich. Denn die ehemals eigenständigen und souveränen Länder hatten mit dem Beitritt zum 1871 neu gegründeten Deutschen Reich jegliche Form von politischer Selbstständigkeit verloren und mussten sich ganz in das organisatorische Gefüge des von Preußen dominierten Deutschlands einfügen. Die garantierten Sonderrechte beschränkten sich in Württemberg zum

Großherzog Friedrich II. von Baden verleiht »Eiserne Kreuze« an badische Soldaten.

Beispiel auf die Ausgabe von Briefmarken und die Eigenständigkeit der Militärverwaltung. Baden wurden gleich gar keine Sonderrechte eingeräumt. Außerdem sah die Verfassung vor, dass der Oberbefehl über die Armee (und auch über die Verwaltung) mit einer etwaigen Kriegserklärung automatisch auf den Kaiser übertragen wurde. Mit der Erklärung des Krieges verloren die badischen und württembergischen Institutionen ihre Zuständigkeiten. Der Landtag konnte daher seit 1871 nicht mehr über Krieg und Frieden entscheiden, der König hatte ohnehin kaum Spielraum und konnte sich nicht gegen Reichsregierung und den Kaiser stellen.

Die Rolle der Landtage in Baden und Württemberg

Die politische Bedeutung der Landtage von Baden und Württemberg war im Ersten Weltkrieg gering. Die wichtigsten politischen, militärischen und wirtschaftlichen Entscheidungen wurden in Berlin gefällt. Nur Abgeordnete aus Baden und Württemberg, die im Reichstag einen Sitz hatten, wie zum Beispiel der aus Buttenhausen auf der Schwäbischen Alb stammende Matthias Erzberger, konnten die »südwestdeutsche« Sichtweise auf der Reichsebene deutlich machen. Es gab zwar Resolutionen und teilweise vorsichtige Kritik an der Reichspolitik, im Gesamten hatten die Landtage aber eine lediglich randständige Bedeutung.

Zwei Hauptaufgaben fielen den Landesregierungen zu: Zum einen hatten sie für ausreichenden Ersatz der Truppen zu sorgen. Die Gründung und Aufstellung des stellvertretenden XIII. bzw. XIV. Armeekorps waren dazu die angemessenen Mittel. Zum anderen nahmen die Länder nur noch jene kommunalen bzw. regionalen Aufgaben wahr, die die Reichsregierung für notwendig hielt. Insbesondere die Ernährungslage der zivilen Bevölkerung und die Versorgung der durch den Krieg bedürftig Gewordenen lagen im Aufgabenbereich der zivilen kommunalen und der Landesverwaltung. Ort die-

Ein kritisches Plakat, das die Kriegsfinanzierung anprangert.

ser Regelungen waren die Parlamente, die mit Hingabe beispielsweise über Preissteigerungen diskutierten.

Beide Regenten betrieben ebenfalls eine Politik »der kleinen Dinge«, während die großen Linien in Berlin bestimmt wurden. Sie selbst griffen in die tägliche Regierungsarbeit ein, wenn es ihnen geboten schien, meist ließen die beiden Monarchen ihre Kabinette aber gewähren. Die beiden süddeutschen Monarchen waren schon während des Krieges eher Repräsentationsfiguren der Monarchie als aktive Regenten. Karl Hampe beurteilte das politische Handeln des badischen Großherzogs eindeutig: »Der Großherzog ist ungeheuer fleißig, aber am unrechten Fleck und eigentlich nur im Kleinen. Minister Bodman sagt zum Beispiel, in ganz unbedeutenden Fällen, wie der Entlassung eines Schutzmannes, der Rekurs eingelegt hat, und dergleichen, lese der Großherzog wohl die Akten selber und könne dann den Minister mit Einzelheiten in Verlegenheit setzen, da dieser sich natürlich nur auf die Gutachten seiner Räte stütze. Großen Entscheidungen geht dagegen der Großherzog möglichst aus dem Wege und suche möglichst den Kurs im ausgefahrenen Geleise zu halten.«[61]

Unbestritten ist, dass die Landtage durch ihre relative Nähe zur Bevölkerung manche Not lindern konnten, grundlegend ändern konnten sie an der Situation aber nichts. Die stark ansteigende Verschuldung durch die Ausgabe von Kriegskrediten, die ausufernde Wohlfahrtsunterstützung und vor allem die immensen Armeeaufwendungen konnten nicht in den Landtagen debattiert und entschieden werden, sondern wurden vom Reich festgelegt.

Die parteipolitischen Unterschiede waren seit Kriegsausbruch nicht mehr betont worden. Die Landtage traten seit dem »Burgfrieden« geschlossener auf und verurteilten die sozialen Fehlentwicklungen. Die Geschlossenheit der Parteien lag vor allem darin begründet, dass es auf Länderebene politisch nichts Bedeutendes zu entscheiden gab. Dass die Bevölkerung geschützt, unterstützt und versorgt werden musste, war unstrittig, und dass dem Staat dabei die zentrale Rolle zukam, war bis weit ins liberale Lager hinein eine Selbstverständlichkeit.

Die Ernährungslage

Der Nahrungsmittelversorgung der Bevölkerung war von Seiten der Behörden am Anfang des Kriegs kaum Beachtung geschenkt worden, denn zum einen war die Ernte im August 1914 fast schon eingebracht gewesen, zum anderen verhalf die Arbeitslosigkeit zu Kriegsbeginn zu einem ausreichenden

Angebot an Helfern für die Landwirtschaft. Erst im Frühjahr 1915 war es offensichtlich geworden, dass der Krieg länger als das geplante halbe Jahr dauern würde und nun Anstrengungen zur Sicherstellung der Nahrungsmittelversorgung unternommen werden mussten. Wie genau aber die Lebensmittelproduktion und vor allem die anschließende Verteilung zwischen ländlichen und städtischen Gebieten organisiert werden sollte, war der zivilen Verwaltung wie der Armee ein Rätsel. Viele Versuche wurden unternommen, die aber selten zum Erfolg führten.

Den Anfang machte der Reichssrat in Berlin, also die Vertretung der Einzelstaaten, als er beschloss, die Nahrungsmittelpreise staatlich festzusetzen. Dazu sollten Kommunalverbände Regelungen erlassen und die Menge und Qualität der zu produzierenden Güter vorschreiben. Da in Baden solche Kommunalverbände unbekannt waren, wurden alle Städte mit mehr als 10 000 Einwohnern zu solchen erklärt. Dadurch entstanden aber zwei strukturell unterschiedliche Kommunalverbandsarten. Die einen waren eher städtisch geprägt, fragten Nahrungsmittel also in höherem Maße nach, während die ländlich geprägten Kommunalverbände eher einen Überschuss an Nahrungsmitteln vorweisen konnten.

Neben der Festsetzung von Höchstpreisen wurden einzelne Güter, die besonders stark nachgefragt und wichtig für die allgemeine Ernährungslage waren, durch die Einführung von Lebensmittelkarten bewirtschaftet. Wer also Mehl, Fette und Öle benötigte, konnte diese nur nach Vorlage dieser Lebensmittelkarten kaufen, sofern er die nötigen Mittel dazu hatte.

Mit zunehmender Dauer des Krieges gerieten immer mehr Familien durch den Ausfall des Ernährers in Armut und mussten sich zu den staatlich eingerichteten oder privat organisierten Armenspeisungen begeben. Nahrungsmittelversorgung und soziale Fürsorge waren deshalb eng miteinander verknüpft und Gegenstand des kommunalen und staatlichen Handelns auf der Ebene der einzelnen Gliedstaaten.

Diese Initiativen waren zwar gut gemeint, mangels Erfahrung und gegenseitiger Koordination der kommunalen

Lebensmittelkarten wie diese aus Stuttgart sollten den Bezug von Grundnahrungsmitteln sichern.

Entscheidungsträger verschlimmerten sie aber eher die allgemeine Nahrungsmittellage, als dass sie verbessert wurde. Da die Nahrungsmittel knapp, die Kosten für die Herstellung aber vergleichsweise hoch und die Festsetzung der Höchstpreise für die einzelnen Güter nicht koordiniert waren, lagen die Preise für Endprodukte wie Brot teils unter den Höchstpreisen von Getreide. Mit jedem gebackenen Brot erwirtschaftete der Bäcker also einen Verlust, den er nicht lange tragen konnte und wollte.

Auch auf der Erzeugerseite führten die Höchstpreise zu unerwünschten Ergebnissen, denn der behördlich festgelegte Höchstpreis wandelte sich zu einem neuen Mindestpreis, da dieser Preis den Bauern garantiert wurde. Auf dem Schwarz-

Anstehen für Brotkarten am Städtischen Arbeitsamt in Karlsruhe.

markt waren aber noch höhere Preise zu erzielen, so dass die Höchstpreise zu einer faktischen Verteuerung der Lebensmittel statt zu deren Preissenkung führten.

Die in der Stadt Lebenden zogen am Wochenende aufs Land und »hamsterten« auf den Bauernhöfen Lebensmittel, sofern sie über Bezahlungsmöglichkeiten verfügten. Der wirtschaftlich besser gestellte Mittelalterprofessor Karl Hampe notierte: »Die Mama hatte mangels Unterernährung Schwindelanfälle gehabt […]. Ich brachte drei Weckgläser mit Fleisch, Kartoffeln, Butter, Zucker, getrocknete Gemüse und Pilze, Weißbrod, Äpfel aus Heidelberg mit.«[62] Da der Schwarzmarkt weitestgehend geduldet wurde, um wenigstens die Versorgung rudimentär sicherzustellen, boten die Behörden weitere Anreize, Lebensmittel zurückzuhalten und unter der Hand zu verkaufen.

Durch die Einführung der Lebensmittelkarten sollte erreicht werden, dass der Schwarzmarkt eingedämmt und eine »gerechte« Verteilung der Lebensmittel möglich würde. Die Einführung der Karten erwies sich aber als Fiasko. Sie sollten verhindern, dass ein Einzelner zu große Mengen wichtiger Lebensmittel wie Öle, Fette oder Fleisch hamsterte, um diese später weiterzuverkaufen und so den Preis zu treiben. Daher erhielt jede Person von den Kommunalverbänden eine Lebensmittelkarte, auf der eingetragen war, wie viel Gramm eines Lebensmittels im Laden gekauft werden durfte. Problematisch an der Einführung der Lebensmittelkarten war es, dass zum einen nicht alle wichtigen Lebensmittel und zum anderen nicht alle Produkte einer Herstellungskette »verkartet« wurden. So waren ab Januar 1915 Brot und Mehl nur noch auf Karte zu haben. Da aber das Getreide nicht bewirtschaftet wurde, lieferten die Bauern den Bäckern kein Getreide mehr, sondern verfütterten es lieber an ihre Tiere. Gleichzeitig hatte die Bevölkerung vor der offiziellen Einführung der Lebensmittelkarten für ein bestimmtes Produkt alles aufgekauft, die Rationierung so anfangs umgangen und dadurch eine immense Nachfrage geschaffen. Karl Hampe berichtete aus Heidelberg: »Kurz bevor hier in Heidelberg Ende letzter Woche die Brotmarken für vier Wochen ausgegeben wurden, haben sich die Leute noch Wäschkörbe [sic!] voll Brot gekauft, so daß am Montag die Bäcker ihren Kunden für Marken überhaupt nichts zu liefern vermochten. Das nennt man Brotsparen.«[63]

Im Frühjahr 1915 folgten Höchstpreise für Schweinefleisch. Da diese Maßnahme aber vorher öffentlich bekannt gemacht wurde, schlachteten die Bauern vor Inkrafttreten der Maßnahme ihre Tiere. Der berühmte »Schweinemord« führte zu einem Überangebot von Fleisch im Frühjahr 1915 und zu einem gravierenden Mangel an tierischen Fetten 1916. Auch bei der Bewirtschaftung der Eier waren die Behörden wenig mit den Grundzügen der Landwirtschaft vertraut. So waren »die Mitglieder des Kleintierzüchtervereins […] ungehalten, weil sie auch Eier ihrer Hühner für die Zeit abliefern sollen, in denen diese noch gar keine Eier legten.«[64]

Neben den Versuchen, mit Höchstpreisen und Lebensmittelkarten die Lebensmittel zu verteilen und den allgemeinen Hunger zu verhindern, beschritt man, je nach Produkt, ganz unterschiedliche Wege, um die Menge und die Qualität zu beeinflussen – meist jedoch ohne größeren Erfolg.

Die Menge des Brotmehls wollte man steigern, indem der Ausmahlgrad erheblich erhöht wurde. Gegen Kriegsende hatte er fast 98 Prozent erreicht. Der hohe Ausmahlgrad bedeutete nichts anderes, als dass unverdauliche Spelzen nun mit ins Mehl gelangten. Der Nährwert des Mehls vergrößerte sich durch den höheren Ausmahlgrad natürlich nicht. Außerdem fehlten nun die bisher als Tierfutter verwendeten Ausmahlreste in der Landwirtschaft.

Ab 1915 wurde dem Brotmehl Kartoffelstärke zugesetzt, um so das Mehl zu strecken. Das K-Brot war berühmt-berüchtigt, es machte kaum satt, verteuerte aber sowohl Brot als auch Kartoffeln.

Auch Butter und Milch waren von erheblichen Preissteigerungen betroffen. Wie schon beim Mehl führte die Höchstpreisverordnung bei Butter dazu, dass zunächst die Höchstpreise als neue Mindestpreise galten und schließlich Butter nur noch auf dem Schwarzmarkt zu haben war – und das bereits im Jahr 1915. Insbesondere Baden war auf die Einfüh-

Ein Ladengeschäft in Karlsruhe bietet ausgewählte Lebensmittel an.

rung von Butter angewiesen, während Bayern und Württemberg über eine ausreichend große Milchwirtschaft verfügten, so dass die Staaten Butter teilweise ausführen konnten. Verschiedene Maßnahmen zur Verbesserung der Butter- und Milchversorgung wurden getestet, schlugen aber mehr oder weniger fehl. Denn die Höchstpreise lagen unter der Preisvorstellung der Bauern, die daraufhin ihre Milch und Butter zurückhielten. Zum anderen führte die starke Inanspruchnahme der Kühe, die auch zum Pflügen eingesetzt wurden, zu weiterem Minderertrag bei Milch und Butter, so dass kaum mehr tierische Fette zur Verfügung standen. Margarine und andere Fettersatzstoffe waren niemals ausreichend vorhanden. In den kleineren Städten Badens betrugen die tatsächlich gelieferten Milch- und Buttermengen häufig nur ein Drittel des Plananſatzes, der ohnehin sehr niedrig kalkuliert war. Auch pflanzliche Fette waren knapp. Anstatt der üblichen Ölfrüchte wurden schließlich auch Bucheckern zu Öl verarbeitet.

Der allgemeine Mangel an Fetten und Kohlenhydraten sowie Feuerholz führte zur Entstehung einer ganz neuen Kochbuchart, der »Kriegsküche«. In den »Sparrezepten« dieser Bücher wurde der »Hausfrau« vorgeschlagen, wie sie ohne Fett braten und backen konnte, wie man Brennholz mit einer »Kochkiste« anstelle eines Herdes sparte und wie man mit Ersatzstoffen »nahrhafte« Mahlzeiten zubereiten konnte. Interessanterweise tauchten diese Rezepte in den 1920er-Jahren in der Diätküche wieder auf.

Fleisch war in jeglicher Form Mangelware. So sank die Zahl der Schweine in Baden dann auch im Laufe der fünf Jahre Krieg auf nur noch ein Drittel des Vorkriegsbestandes. Der Bestand an Rindern und Milchkühen blieb nahezu konstant, was vor allem damit erklärt werden kann, dass die kleinteilige Betriebsstruktur mit meist wenigen Tieren und einer Betriebsgröße von durchschnittlich einem Hektar eine Schlachtung der Rinder verhinderte. Als Zug- und Lasttiere waren ihre Dienste wertvoller. Einen Anstieg im Bestand erfuhren allein die Ziegen, die sowohl als Milch- als auch als Fleischlieferant genutzt werden konnten und auch in ländlich geprägten Städten gehalten werden konnten. Dagegen

Titelblatt eines Kriegs-Kochbuches aus dem Jahr 1915.

nahmen alle anderen Kleintiere wie Geflügel, Kaninchen und andere in ihrem Bestand erheblich ab. Die wöchentliche (!) Ration an Fleisch pro Person betrug in den badischen Städten mit 50 000 Einwohnern am Kriegsende nur noch 100 Gramm. Und selbst diese geringe Menge konnte kaum noch erworben werden.

Der Landwirtschaft fehlten zudem in hohem Maße Pferde, die für die Front abgestellt werden mussten. Dennoch konnten die Bauern einen guten Nebenverdienst erwirtschaften, indem sie an der Front eingesetzte Pferde von der Militärverwaltung kauften, diese aufpäppelten und zu einem hohen Preis an die Militärverwaltung zurückverkauften. Auf den Gesamtbestand der Tiere hatte dies aber keinen Einfluss. Außerdem war 1915 kein gutes Erntejahr für Getreide gewesen, so dass es ab der zweiten Jahreshälfte zu einem Engpass an Futtergetreide gekommen war. Zugtiere blieben während des Krieges Mangelware.

In Baden war aufgrund der vielen Sonderkulturen wie Obst- und Weinbau der Mangel an Lebensmitteln nicht so stark spürbar. Allerdings führten auch hier Mängel in der Bewirtschaftung und Verwaltung zu Engpässen und Knappheit. Wie auch bei den anderen Gütern wurde durch die Festsetzung von Höchstpreisen ein neuer Mindestpreis geschaffen, der unter dem auf dem (Schwarz-)Markt zu erzielenden lag, so dass das Obst nicht gemeldet wurde und in den Schwarzmarkthandel gelangte. Zudem verursachte die Verwaltung durch die Anweisung, Obst vor allem für Marmelade zu verwenden, um so Vorräte für den Winter anzulegen, eine künstliche Knappheit. Ebenso reisten viele Württemberger aus dem Grenzgebiet nach Baden, um sich dort mit Obst einzudecken. Hinzu kam, dass die badische Bevölkerung als Ersatz für geringe oder nicht zugeteilte Mengen an Fleisch und Fetten mit Obst »entschädigt« werden sollte. Da nun auch diese »Entschädigung« nicht immer zu erhalten war, wuchs das Misstrauen der Bevölkerung in die Lebensmittelbewirtschaftung.

Auch die Kartoffelversorgung war alles in allem nicht günstig, denn ähnlich wie beim Getreide führte die Einführung der Nahrungsmittelbewirtschaftung zu künstlicher Verknappung und Preisstürzen. Kartoffeln wurden Ende 1914 zurückgehalten, da Bauern und Händler auf höhere Preise hofften, die dann auch tatsächlich stiegen. Nun setzten die Behörden Höchstpreise und Mindestliefermengen fest, die Bauern weigerten sich aber zum festgelegten Preis zu verkaufen und verfütterten die Kartoffeln an ihre Schweine.

Junge Frauen aus Karlsruhe bei einer Kartoffel- und Gemüsesammlung.

Denn die strenge Futtermittelbewirtschaftung ließ sich so umgehen.

Zwar versuchten die Behörden in den folgenden Jahren aus diesem Fall zu lernen, dennoch verursachte deren Eingreifen immer wieder große Preissprünge. Die Höchstpreise trafen selten den Marktpreis, Kartoffeln wurden also entweder gehortet oder unter der Hand verkauft. Entwickelten sich dann die Höchstpreise in die gewünschte Richtung, war plötzlich ein Überangebot da, das kaum Abnehmer fand. Die Kartoffelversorgung war alles in allem also ausreichend, in einzelnen Monaten aber kam es zu erheblichen Engpässen. Eine »ausreichende« Zuteilung bedeutete einen Anteil von 2,5 Kilogramm pro Person und Woche, also eine Tagesration von 350 Gramm im ungekochten Zustand. Üppig fiel also auch die Versorgung mit Kartoffeln nicht aus.

Die Not der Bevölkerung führte insgesamt zu einer aufgeblähten Verwaltung. Es entstand während des Kriegs ein Durcheinander verschiedenster Institutionen von gemeinnützigen Vereinen über kommunale Verbände bis hin zu eigens eingerichteten Stellen, deren kurioseste unter vielen anderen die Kriegsgesellschaft für die Teichfischverwertung war. Das Kompetenzwirrwarr verschlimmerte die Lage noch zusätzlich. Die Institutionen waren weder in der Lage, den Mangel zu verwalten, noch ihn zu beseitigen.

In Württemberg findet sich ein ähnliches Bild der Nahrungsmittelbewirtschaftung wie in Baden, allerdings mit anderen Nahrungsmitteln. Hier gab es mehr Futtermittel als in Baden, mehr Kartoffeln, aber eher weniger Getreide und Obst. Der Ablauf von Lebensmittelbewirtschaftung, Höchstpreissetzung, Mindestzuteilung an die Bevölkerung mit den beschriebenen Folgen fand sich hier aber ebenso wie in allen anderen Teilen Deutschlands während des Ersten Weltkriegs.

Gerade die schlechte Ernährungslage machte die Bevölkerung kriegsmüde. Dies galt umso mehr für die Soldaten an der Front, die ihren hohen Kalorienbedarf nicht mehr decken konnten und entsprechend geschwächt wurden. Nur durch direkte Lebensmittelpakete, die der einzelne Soldat von zu

Karlsruher Frauen beim Putzen von Kohlköpfen.

Hause erhielt, konnte er seine Kalorienzuteilung erhöhen. Insbesondere Obst wurde wegen der verhältnismäßig großen vorhandenen Mengen verstärkt in den letzten Kriegsjahren geschickt. In Feldpostbriefen findet sich der Dank für zugesandte Trauben, Teekuchen, der auch etwas verschimmelt gegessen wurde, Dosenwurst und vieles mehr. Manches liest sich auch als Bestellzettel: »Bitte auch um Zusendung von zwei großen Lichtern; aber so bald wie möglich, da wir fast gar keine Kerzen haben.«[65] Selbst die Bitte um Regenmäntel, Cognac und Wundenbalsam finden sich in den Briefen. Solche Bitten zeigen, wie prekär die Versorgung der Soldaten selbst mit einfachsten Ausrüstungsgegenständen war. Dass man sich die Lebensmittelsendungen in der Heimat direkt vom Mund absparte, wurde zwar in Briefen nicht direkt geäußert, war aber natürlich allgemein bekannt.

Die Versorgung der »Kriegerwitwen« und der Kriegsversehrten

Mit dem Ausrücken der Soldaten in den Krieg blieben ihre Frauen und Kinder unversorgt zurück. Die Soldaten hatten zwar mit der Einberufung Anspruch auf ihren Sold, erhielten diesen aber an der Front ausbezahlt. Die Frauen waren also darauf angewiesen, dass ihre Männer Geld nach Hause schickten. Selten genug taten sie dies, so dass mit Kriegsbeginn offensichtlich war, dass man die daheimgebliebenen Frauen und Kinder staatlicherseits unterstützen musste, wenn diese nicht selbst arbeiten konnten oder zu wenig verdienten.

Offen war anfangs allerdings, wer diese Unterstützung zu bezahlen hatte – das Reich, die Länder oder gar die Kommunen. Und offen war auch, wie diese Kriegsausgaben zu finanzieren seien. Schließlich einigte man sich darauf, dass die kommunalen Stellen die Hilfen auszahlten, die Länder den Löwenanteil bezahlen mussten und vom Reich Unterstützungszahlungen erhielten. Finanziert wurde die Versorgung – wie der ganze Krieg – über höhere Steuern und über

Die öffentliche Kriegsspeisung in Karlsruhe. Die Feldküchen sind aus erbeutetem russischem Besitz.

Kriegsanleihen, die Baden und Württemberg ebenso wie das Reich ausgaben.

Zunächst wurden allgemeine Armenspeisungen abgehalten und Suppenküchen eingerichtet, da sich die untere Mittelschicht die Lebensmittelpreise mit der fortschreitenden Dauer des Krieges immer weniger leisten konnte. Das Schlangestehen für Nahrungsmittel und andere Dinge des täglichen Bedarfs wurde normal. Flankiert wurden diese Maßnahmen durch monatliche Geldzuweisungen. So gab Baden für die Unterstützungsleistungen im ersten Kriegsjahr 300 000 Reichsmark aus, im letzten Kriegsjahr war die Summe auf 1,4 Millionen Reichsmark angestiegen.

Die Unterstützungshilfen fielen allerdings sehr gering aus, Frauen erhielten anfangs 4 Reichsmark Unterstützung pro Monat, in den kälteren Wintermonaten stieg die Unterstützung auf 9 Reichsmark. Wenn man zu dieser Unterstützung die Lebensmittelpreise in Beziehung setzt, zeigt sich die niedrige Dimension der Hilfen. Das Pfund Butter kostete kurz nach Kriegsbeginn um 1,50 Reichsmark, die Preise für ein Pfund Rindfleisch schwankten um 3 Reichsmark. Zwar stiegen die Unterstützungssätze bis Kriegsende in den Wintermonaten auf 20 Reichsmark monatlich, doch hielt diese Erhöhung mit den Preissteigerungen der Nahrungsmittel und anderer dringend benötigter Güter nicht mit, so dass real sogar eine geringere Unterstützung bezahlt wurde als anfangs. Diese staatliche Wohlfahrtsunterstützung war also eher eine symbolische Geste als reale Hilfe.

Dass sich die schlechte Versorgungssituation auch auf die psychologische Verfassung der Daheimgebliebenen auswirkte, war offensichtlich. Der Krieg hatte viele Menschen, die zuvor ihr Auskommen hatten, nun zu Armen und Leistungsempfängern gemacht – auch wenn dieser Umstand möglichst nicht öffentlich gemacht werden sollte: »Von den Angehörigen der vor dem Feinde stehenden Familienväter muss alles ferngehalten werden, was niederdrückende Empfindungen in ihnen auszulösen geeignet ist. Dazu zählt vor allem die Verweisung ihrer Familien an die öffentliche Armenpflege, die nicht gebilligt werden« könne.[66] Als bedürftig galt in Ba-

Der »Club der Halbinvaliden« aus Mannheim, eine der seltenen Aufnahmen von Kriegsversehrten.

den, wer laut der letztjährigen Steuererklärung weniger als 1500 Reichsmark in den Großstädten und 1000 Reichsmark in den Landgemeinden zur Verfügung hatte. Doch diese Einteilung erwies sich rasch als äußerst schwierig, konnten doch Bauern und auf dem Land Lebende durch eigenen Anbau von Getreide oder Erzeugung von Fleisch trotz eines niedrigeren monetären Einkommens eine bessere Versorgung erreichen als finanziell besser gestellte Bewohner der Städte. Dennoch beschwerten sich nicht nur die Bauern auf dem Lande, dass die Kriegswohlfahrtsunterstützung, um die Rüstung sicherzustellen, vor allem an industrielle Arbeiter in den Großstädten bezahlt wurde. Kaufmännische Angestellte und die nichtstädtische Bevölkerung erhielten im Vergleich weniger Unterstützung.

Auch den aus dem Krieg heimkehrenden Soldaten musste Unterstützung gewährt werden, wenn sie so schwer verletzt waren, dass sie arbeitsunfähig wurden. Doch wie in den meisten Kriegen wurden die Kriegsheimkehrer ignoriert, vor allem wenn sie versehrt waren. Den körperlich Versehrten, denen Gliedmaßen fehlten, sah man zwar ihre Hilfsbedürftigkeit an, doch wirksam half man auch dieser Gruppe nicht; ebensowenig den durch Gasangriffe und Mangelernährung Erblindeten. Geistige Schäden wurden von den Ärzten überhaupt nicht er- und anerkannt, der »shell shock«, das dauernde unaufhörliche Zittern – heute würde man die Bezeichnung posttraumatische Belastungsstörung verwenden – wurde zwar diagnostiziert, die Erkrankten aber nicht unterstützt. Die arbeitsunfähigen Veteranen mussten sich nach dem Krieg vor allem als Bettler durchschlagen. Soldaten zählten in der Armee nur so weit, wie sie aktiv Dienst leisteten. Nach ihrer Entlassung fühlte sich die Armee nicht mehr verantwortlich.

Glaube und Kirche

In den Selbstzeugnissen, vor allem in Briefen und Tagebüchern, fehlt es kaum an Aussagen zum Glauben und zur Spiritualität der Schreibenden. Allerdings waren solche Äußerungen mitunter weit von der offiziellen Lehrmeinung der beiden Konfessionen entfernt.

Württemberg war seit 1806 konfessionell gespalten, in Hohenlohe und in der Region um Bad Mergentheim war man katholisch, ebenso wie im württembergischen Oberschwaben. »Altwürttemberg«, also die Gegend um den mittleren Neckarraum, war zutiefst evangelisch geprägt, nur die Soldaten in den Garnisonsstädten waren teilweise katholisch. In Baden war der Süden in und um Freiburg katholisch mit doch relevanten protestantischen Gruppen, der Norden um Karlsruhe und wesentliche Teile der Kurpfalz hingegen evangelisch geprägt. In einzelnen Städten Württembergs und Badens gab es eine nennenswerte Zahl von Juden, so zum Beispiel in Laupheim, Göppingen-Jebenhausen, Mannheim und Stuttgart.

Die württembergische wie die badische evangelische Landeskirche waren zutiefst nationalkonservativ geprägt. Der Glaube war eng verknüpft mit dem Erhalt der Nation und dem »Opfertod« für das Vaterland. So äußerte etwa ein evangelischer Pfarrer aus Freiburg: »Sollte etwa ein Mann hier unter uns sein, der nicht entschlossen wäre, auch den letzten Blutstropfen für das Vaterland zu verspritzen – dem müsste ich sagen in Gottes Namen: Du bist kein Mann, du bist kein Deutscher, du bist kein Christ – hinaus mit dir aus dieser Kirche«.[67] Etwaige Glaubensnöte und Sorge vor dem Einsatz im Feld fanden in den Kirchen kaum Gehör. Ob die Kirchen die Gläubigen prägten oder nur die Stimmungen unter den Gläubigen widerspiegelten, kann abschließend nicht entschieden werden. Auffällig ist aber, dass sich in Briefen vor allem protestantischer Schreiber die nationalkonservative Stimmung häufig findet.

Eine besondere Möglichkeit, die Einigkeit der evangelischen Christen in Deutschland zu demonstrieren, bot das 400-Jahr-Jubiläum der Reformation 1917. Mit Vorträgen und feierlichen Gottesdiensten versuchten die Geistlichen, Luther als Vorbild aller Deutschen, auch für die Katholiken, zu präsentieren. Als »nationaler Deutscher« sei er »das beste Vorbild für unsere Zeit«, »eine große Persönlichkeit von überwältigender Geistesmacht«.[68]

Gerade die Katholiken ließen sich aber durch eine solche Argumentation nicht überzeugen. Zu sehr schmerzten noch die Wunden, die der Kulturkampf in Baden gerissen hatte,

Ansichtskarten feierten das Reformationsjubiläum 1917, ausgewählte Lutherworte dienten auch zur Propaganda.

als in den 1870er- und 1880er-Jahren der liberale Staat den Katholiken mit erheblichem Argwohn begegnete. So ging der Staat gegen kirchliche Vereine vor, überwachte die Geistlichen oder sperrte sie gar ein. Die liberalen und konservativen Politiker argwöhnten, dass die Katholiken gegen den Staat eingestellt seien und als »fünfte Kolonne« des Papstes zu agieren versuchten. In Südwestdeutschland war bis 1918 die Einrichtung von katholischen Männerklöstern verboten, mit der Ausnahme der Gründung des Benediktinerklosters Beuron, das im bis 1918 (preußischen) Fürstentum Hohenzollern-Sigmaringen gegründet worden war.

Die Diskriminierung der Katholischen Kirche erzürnte die katholischen Bevölkerungsteile im Norden und Süden Südwestdeutschlands. In Baden entzündete sich die Auseinandersetzung am geplanten Redebeitrag eines Jesuitenpaters, der aus Sicht der Kirche auf einer religiösen Veranstaltung zum Weltkrieg sprechen wollte, während die Regierung die Veranstaltung als politisch charakterisierte. Das ungeschickte Verhalten der (protestantisch dominierten) Regierung führte zu einem Sturm der Entrüstung in den Lokalblättern, deren Artikel und Beiträge durch die Zensur umgehend verboten wurden. Doch die Zeitungen umgingen das Verbot, indem sie die Beiträge erst druckten und dann der Zensur vorlegten, um sich gegen die auflagenstarken und freien Zeitungen aus der Schweiz zu behaupten. Politisch brisant wurde die Diskussion durch die rege Beteiligung der Nationalliberalen auf der einen Seite und dem Zentrum auf der anderen. Als Vertreter des katholischen Milieus formulierte das Zentrum den Unmut über die diskriminierende Regierungspraxis deutlich und drängte im Reichstag auf die Abschaffung des Jesuitengesetzes, das die freie Rede von Jesuiten in Baden und ihre Ansiedlung in Kommunitäten untersagte. »Es müsse das Ehrgefühl der Katholiken sich so schwer verletzt fühlen, [wenn sie] seitens der Civilbehörden [...] in so ernster Zeit als Vaterlandsfeinde behandelt«[69] würden – und das, obwohl Jesuiten aus der Militärseelsorge nicht wegzudenken seien.

Die Militärverwaltung, also das stellvertretende XIV. Generalkommando, reagierte und wies an, dass es »in der Presse [verboten sei] gegen die Konfession oder sonstige persönliche Überzeugung der Mitbürger in religiösen Angelegenheiten Angriffe, Verdächtigungen und Verunglimpfungen auszusprechen und die Frage der Beibehaltung oder Aufhebung des Jesuitengesetzes zu erörtern«.[70] Befrieden konnte dieser Erlass aber nicht, das Zentrum äußerte sich aufgrund der weitergehenden Benachteiligung der Katholiken und der Zentrumspolitiker weiterhin eindeutig. So klagte der Zentrumsabgeordnete und Professor für katholische Theologie in Tübingen Ludwig Baur: »Ich habe selbst miterlebt, wie seit langem und bis in den Krieg hinein kirchentreue Katholiken und grundsatztreue Zentrumsmänner von manchen Ihrer [Staatsminister Freiherr von Bodman] Untergebenen aus politischen Gründen zielbewusst zurückgesetzt oder mindestens mit größtem Misstrauen behandelt werden, während liberale Liebediener, Leute von oft nicht erstklassiger Qualität des Charakters, die einzigen Vertrauensleute gewisser Verwaltungsbürokraten, sich breit machen. Die natürliche Folge ist größtes Misstrauen in ein solches System«.[71]

Wie schon der politische Burgfriede in Baden den ganzen Weltkrieg hindurch brüchig war und nur mit enormen Anstrengungen aufrechterhalten werden konnte, so war auch der religiöse Burgfrieden keineswegs gesichert, sondern blieb Gegenstand der Auseinandersetzung im Paulus- bzw. Kolpingverein.

In ihrer Einstellung zum Krieg unterschied sich die katholische Kirche wenig von den protestantischen Kirchen. Allerdings äußerten sich die Geistlichen in Predigten und den katholischen Sonntagsblättern weniger national und betonten eher, dass der Krieg eine Prüfung Gottes sei. Beide Konfessionen betonten mit Ausbruch des Krieges die Legitimität des »Verteidigungskrieges«, die Katholiken blieben insgesamt aber reservierter und verhielten sich milieutreuer. Der Katholischen Kirchenleitung waren die Aufrechterhaltung der Seelsorge und die Abhaltung von Gottesdiensten weitaus wichtiger als politisch-religiöse Veranstaltungen. Die traditionelle »Staatszurückhaltung« der Katholiken machte sich auch auf der theologischen Ebene bemerkbar. Der Freiburger Erzbi-

schof Thomas Nörber fasste in einer Erklärung zu Kriegsbeginn diese Stimmung zusammen: »Das Vaterland ruft seine Söhne, um den heimatlichen Boden zu schützen und seine Ehre zu retten. […] Zahlreich sind die Feinde, die uns umgeben, doch wollen wir vertrauen auf unsere gerechte Sache und die Hilfe Gottes.«[72] Gleichzeitig betonten die katholischen Geistlichen aber auch die Prüfung des Einzelnen durch den durch Gott zugelassenen Krieg und interpretierten den Krieg als »Buße« für die Sünden, »die auch in unserem deutschen Volke hatte[n] […] vielfach angefangen«.[73] »Kriegszeiten sind Heimsuchungen und Prüfungen Gottes!«[74], lautete die bündige Zusammenfassung. Realistisch erkannten die Seelsorger die bedrückende Lage, die mit fortschreitender Kriegsdauer alltäglich wurde und mehr und mehr Glauben und Gottesdienst bestimmten: »Hier fehlt der Vater, dort der Sohn, dort der Bruder, nicht selten sehen die Eltern zwei, drei und mehr Söhne zur Fahne eilen. Todesnachrichten treffen ein. Andere werden folgen. Draußen auf dem Land drängt die Arbeit; die besten Kräfte fehlen. In der Stadt sieht so mancher Arbeitslosigkeit und damit Brotlosigkeit seiner Familie nahen. Geschäfte stehen still. Der Kredit hat sein Ende gefunden. Viele bangen um ihre Existenz.«[75]

Kirche und Krieg sah mitunter auch so aus: Wegen der Eisenknappheit wurden in Bad Dürkheim die Glocken der protestantischen Kirche, wie andernorts auch, eingeschmolzen und zu kriegswichtigen Gütern, sprich Waffen, verarbeitet. Das Bild zeigt die feierliche Herabnahme am 1. August 1917.

Dass es natürlich auch andere Stimmen gab, versteht sich von selbst. So beschwert sich die Ludwigsburgerin Paula Beutler, die auch freikirchlich aktiv war, über einen Geistlichen: Er hielt »mehr eine patriotische Rede, ganz kurz am Schluß sprach er über die Worte: der Meister ist da u[nd] rufet dich. Was mich noch mehr betrübte ist, daß nicht ein einziges Gebet im Namen unsres Herrn Jesu Christi gesprochen wurde«.[76]

Mit Kriegsbeginn waren die Kirchen gut besucht, die ausziehenden Soldaten wollten noch einen letzten Gottesdienst in der Heimat feiern und baten um Fürbitte, auch religiöse Devotionalien wie Rosenkränze und religiöse Medaillen nahmen sie mit ins Feld, um sich vor Gefahr, feindlicher Kugel und Tod zu schützen. Dieser religiöse Eifer erlahmte aber schon nach recht kurzer Zeit. Im Feld beteiligten sich nur noch die Hälfte der katholischen Soldaten an Gottesdiensten, während auch im zivilen Bereich die Zahl der Gottesdienstbesucher nach wenigen Monaten erheblich abnahm. So liest sich in einem Feldpostbrief: »Nur im Anfang vom Krieg

Ein Feldgottesdienst unter freiem Himmel.

schlug den Leuten das Gewissen u[nd] da waren die Kirchen überall voll; aber seitdem hat es leider sehr nachgelassen. Oft fürchte ich, daß unser Volk noch mehr und hart gestraft werden muß, wenn es sich bessern soll.«[77] Die Eindrücke der Soldaten an der Front beschleunigten die Desillusionierung und die Abkehr von der Religion, wenn auch manchem Verzweifelnden Glaube und Religion als letzte Hoffnung blieben: »Wenn man sieht, wie ein Geschoß in eine Gruppe einschlägt, wie Leute zerrissen werden, ihr Blut und Gehirn den Nachbar[n] bespritzt […] und dazu das Bewußtsein hat, das kann dir jeden Augenblick auch geschehen. […] Da hilft nur eines: die Religion.«[78]

Die katholische Volksfrömmigkeit zeigte sich besonders in Prozessionen wie zu Fronleichnam, in Bitt- und Dankgebeten. Erschwert wurde der regelmäßige (katholische) Gottesdienst dadurch, dass es mit zunehmender Kriegsdauer an priesterlichem Nachwuchs fehlte, da die Theologiestudenten von der Kriegspflicht nicht ausgenommen waren und an die Front ausrücken mussten. Auch viele Priester befanden sich an der Front oder zumindest nicht in ihrer Pfarrei, so dass längere Andachten wie das 40-Stunden-Gebet in der zweiten Kriegshälfte nicht mehr abgehalten werden konnten. Beide Konfessionen engagierten sich sozial und versuchten, die Bevölkerung in materieller Hinsicht zu unterstützen, zum Beispiel durch Armenspeisungen.

Jüdische Gläubige gab es in Württemberg und Baden vor allem in den größeren Städten und den Enklaven, in denen sich vor dem Zusammenbruch des Heiligen Römischen Reichs 1806 Juden ansiedeln durften. In ihren politischen und religiösen Einstellungen unterschieden sich die jüdischen Gläubigen nicht von den Christen. Das jüdische Bürgertum dachte deutschnational, das Landjudentum gehörte zwar zu den ärmeren Bevölkerungskreisen, unterstützte den Krieg aber ebenso wie alle anderen.

Es waren nicht die jüdischen Gläubigen, die sich von ihrer christlichen Umwelt unterschieden, vielmehr begann die Gesellschaft sie mit zunehmender Kriegsdauer auszugrenzen. Einen vorläufigen Höhepunkt staatlicher Diskriminierung er-

Titelblatt einer Aufklärungsschrift über den Einsatz und Tod von württembergischen und hohenzollerischen jüdischen Soldaten im Ersten Weltkrieg, die im Umfeld der antisemitischen Stimmung der »Judenzählung« veröffentlicht wurde.

folgte ab dem 1. November 1916 mit der »Judenzählung«. Aus antisemitischen Vorurteilen verbreitete ein Teil der Presse, dass sich jüdische Gläubige der »Vaterlandspflicht« entzögen. Das preußische Kriegsministerium begann damit, die Religionszugehörigkeit der Soldaten zu erheben, und grenzte so die bis dahin integrierten jüdischen Soldaten aus. Nach öffentlichem Protest und nur schleppendem Rücklauf der Fragebögen wurde die Erhebung 1917 stillschweigend beendet.

Gleichzeitig tauchten nun in der Öffentlichkeit vermehrt antisemitische Zuschreibungen auf, nach denen der Weltkrieg vom »Finanzjudentum« vom Zaun gebrochen worden sei und er erst enden könne, wenn »alle« Juden ausreichend daran verdient hätten. Die antisemitische Stimmung war zwar schon in der Friedenszeit in gewissen Kreisen verbreitet gewesen, der Alldeutsche Verband hatte seit Langem gegen die Juden gewettert. Nun aber fraß sich der rassische Antisemitismus in breitere Bevölkerungsschichten und legte so den Grundstein für die späteren nationalsozialistischen Anschauungen.

Die Militärverwaltung verhielt sich gegenüber den bereits aktiv dienenden Soldaten im Großen und Ganzen zurückhaltend. In der Militärseelsorge wurden nicht nur protestantische Pfarrer und katholische Priester eingesetzt, die ihre jeweilige Klientel seelsorgerisch betreuten und aus den Glaubenskämpfen der Konfessionen heraushielten, sondern auch jüdische Geistliche als Frontrabbiner verwendet. Der bekannteste Feldrabbiner dürfte dabei Aaron Tänzer sein, der Rabbiner in Göppingen-Jebenhausen war und sich als Geistlicher freiwillig an die Front meldete. Fotografien zeigen ihn an der Ostfront in dickem Fellmantel mit dem Davidsstern als Erkennungszeichen seines Amtes. Tänzer war eine für das südwestdeutsche Judentum eminent wichtige Person. Er war nicht nur an der Front tätig, sondern gründete nach seiner Rückkehr den sozialdemokratischen Kriegerverein »Vorwärts« in Göppingen.

Der persönliche Glaube wurde während des Krieges immer wieder auf die Probe gestellt, vor allem dann, wenn es Tote in der Familie zu beklagen gab. In der Öffentlichkeit

Der Jebenhausener Rabbiner Aron Tänzer mit seinen verwundeten Söhnen Fritz und Paul, um 1915.

folgten die religiösen Vertreter meist den parteipolitischen Linien des Zentrums und der Nationalliberalen. Ohnehin hatten die Politik und das Militär das Primat, Kirche und Religion folgten meist den vorgegebenen Wegen.

Hindenburg und Ludendorff ergreifen das Zepter

Die großen Gebietsgewinne im Osten im Jahr 1915 erforderten neue Verwaltungsstrukturen in den eroberten Gebieten. Doch anstatt den Aufbau einer zivilen Besatzungsverwaltung zu leiten, eignete sich das Militär in Form von Erich von Ludendorff und Paul von Hindenburg die Verwaltung und Machtausübung an. Der Große Generalstab gründete »OberOst«, eine Art Oberkommando für die im Osten eroberten Gebiete. Damit entzogen sich Ludendorff und Hindenburg der direkten Unterstellung unter den Chef des Großen Generalstabes Erich von Falkenhayn. Diese Entwicklung ist im Rückblick gar nicht überzubewerten, übernahm doch nun das Militär offensichtlich die zivile Verwaltung.

Und die beiden dekorierten Militärherrscher gingen noch einen Schritt weiter. Im Alleingang verkündeten sie die Gründung eines Königsreichs Polen, das aber ohne Staatsgebiet und Staatsoberhaupt auskommen musste. Das Kalkül Hindenburgs war es, die Polen, die bislang unter russischer Herrschaft gestanden hatten, auf die deutsche Seite zu ziehen, so dass sie in einem »nationalen Befreiungskampf« das Vordringen der deutschen Truppen unterstützen würden. Mit dieser Proklamation des Königreichs Polen eroberte sich die Militärführung nun weitere politische Funktionen. Das Privileg des Parlaments, über Krieg und Frieden, die Steuern und das Staatsgebiet entscheiden zu dürfen, war nun hinfällig. Schlimmer noch, die Politik erkannte diese Usurpation von Macht überhaupt nicht, sondern leistete noch bereitwillig Schützenhilfe für das Vorgehen Hindenburgs und Ludendorffs. Beide setzten beim Kaiser die Absetzung Falkenhayns durch, die

Dieses Propagandafoto zeigt Paul von Hindenburg umrahmt von grüßenden Kindern.

Politik hatte durch ihr Verhalten faktisch abgedankt, Deutschland war zu einer Militärdiktatur geworden. Diese Aneignung von ziviler politischer Gewalt durch militärische Führer war der große Tabubruch, der die Deutsche Geschichte die nächsten 30 Jahre bestimmen sollte.

Die Militärs und Soldaten begrüßten die Entwicklung, stand Hindenburg doch für die siegreiche Schlacht von Tannenberg. Ihm wurde zugetraut, die militärische Lage zu ändern. So schätzte der württembergische Generalleutnant Otto von Moser die Situation im Nachhinein so ein: Es wurde »Hilfe zuteil. […] Sie kam und stammte aus dem großen Zauber, den die allverehrte Persönlichkeit des neuen deutschen Generalstabschefs, des Feldmarschalls von Hindenburg, auf jeden Angehörigen des Westheeres […] ausübte. […] Es wirkte […] aufrüttelnd und aufrichtend auf die Truppe, und gab ihr neues Vertrauen zu sich selbst«.[79]

Nur wenige erkannten die Entwicklung zur Unterordnung der Politik unter die Interessen des Militärs. Matthias Erzberger, in Berlin eine wichtige politische Größe, nahm schon 1915 direkten Einfluss auf die militärische Planung. Wie gesehen, entschloss sich die Militärführung im Herbst 1915 einen Angriff auf Serbien durchzuführen, um einerseits die österreichischen Truppen zu entlasten und um andererseits Bulgarien auf die Seite der Achsenmächte zu ziehen. Gegen die damit verbundene Truppenverschiebung von der West- an die Ostfront wehrte sich Erich von Falkenhayn lange. Erzberger glaubte aber, dass es nicht Aufgabe des Militärs sei, sich für eine Option zu entscheiden, sondern Alternativen zu entwickeln, während die Politik die Auswahl zwischen diesen verschiedenen Strategien zu treffen habe. Demzufolge war Erzberger vom Feldzug gegen Serbien überzeugt und versuchte mit allen Mitteln, nämlich der Bildung einer fraktionsübergreifende Koalition mit anderen Politikern, durch direkte Vorsprache bei der Kaiserin, durch Briefe an den Kaiser, Überzeugungsarbeit beim bayerischen Ministerpräsidenten und dem Reichskanzler Bethmann Hollweg sowie die Beeinflussung der öffentlichen Meinung durch gezielte Interviews und Zeitungsartikel seine politische Ansicht über das militärische Handeln durchzusetzen. Zwar wurde der Zentrumspolitiker Matthias Erzberger vom eigenen Fraktionsvorsitzenden in seinem politischen Aktionismus gebremst, doch nicht zuletzt sein Handeln führte zum Serbienfeldzug und langfristig zur Ablösung Erich von Falkenhayns.

Die Lage an den Fronten 1916

Die Westfront

Die badischen Truppen verbrachten in ihren Stellungen an der Westfront ein recht ruhiges Frühjahr. Auch die aktiven Truppen des XIII. (königlich-württembergischen) Armeekorps erhielten im Winter und Frühjahr 1916 in ihren Stellungen an der Ypern-Front etwas Ruhe. Erst mit dem Beginn der Sommeschlacht wurde das Armeekorps dorthin verlegt, aber bereits nach kurzer Zeit wieder zurückbeordert, um am Ende des Jahres in Thiepval und Cambrai zu stehen. In Verdun wurde die 4. Württembergische Gebirgsartillerieabteilung eingesetzt, dann aber zum rumänischen Feldzug kommandiert. Die übrigen Truppen verteilten sich an der Westfront und unterstützten meist die aktiven Regimenter.

Der Stellungskrieg wurde im Frühjahr 1916 ohne große Geländegewinne fortgeführt. Dies lag auch daran, dass der deutsche Generalstab beschlossen hatte, eine Offensive an der Westfront zu beginnen. Ziel sollte die militärisch und strategisch unbedeutende Festung Verdun sein. Mit einem starken Widerstand durch französische Truppen wurde kaum gerechnet, denn taktisch schien es für die französischen Truppen viel klüger, sich bis an die nahen bewaldeten Anhöhen zurückzuziehen.

Auch diese Strategie wurde überarbeitet. Nun sollte durch immenses Artilleriefeuer die Stellung so lange beschossen werden, bis diese durch die vorrückenden Truppen besetzt werden konnte. Denn zum einen waren die Befestigungen Verduns nicht »bombensicher«, zum anderen versetzte der schiere Materialeinsatz die französischen Truppen in Angst und Schrecken.

König Wilhelm II. von Württemberg gemeinsam mit dem preußischen Kronprinzen Wilhelm beim Frontbesuch in Frankreich.

Trotz der enormen Truppen- und Materialkonzentration veränderten sich die erstarrten Fronten im Stellungskrieg kaum. Größere Angriffe auf andere Frontabschnitte waren dadurch praktisch ausgeschlossen. Da nach dem deutschen Angriff auf Verdun die Franzosen keine Anstalten machten, den Frontabschnitt zurückzunehmen, sondern Verdun als nationales Symbol des französischen Widerstands betrachteten, setzten sie alles daran, Verdun zu halten. Durch die gewählte Strategie der beiden Seiten wuchsen die Verluste ins Unermessliche. Über eine halbe Million Soldaten fanden bei Verdun auf beiden Seiten den Tod: »Wie viele mußten in den letzten Wochen in dem höllischen Hexenkessel vor Verdun ihr Leben lassen, wie viele werden wohl noch folgen müssen?«, schrieb der an einem anderen Frontabschnitt eingesetzte Rottweiler Soldat Eugen Speh.[80]

Eine endgültige Entscheidung gab es im Sommer auch deshalb nicht, weil deutsche Truppen abgezogen werden mussten, um im Osten gegen die Brussilow-Offensive der russischen Streitkräfte eingesetzt zu werden, so dass sich die deutschen Truppen bei Verdun ab Oktober auf ihre ursprüngliche Position zurückziehen mussten.

Die Alliierten hatten sich im Winter für einen Entlastungsangriff gegen die deutschen Linien an der Westfront ausgesprochen und wählten dafür den Frontabschnitt an der Somme. Zum einen konnten dort die englischen und französischen Truppen gemeinsam angreifen. Zum anderen schien hier ein Durchbruch möglich. Außerdem versprach ein Angriff an der Somme eine Entlastung für das Schlachtfeld Verdun.

Das Schlachtfeld an der Somme wurde zum größten Massengrab des ganzen Weltkriegs. An der Somme starben mehr Menschen als in jeder anderen Schlacht des Ersten Weltkriegs. Summa summarum fanden hier über eine Million Menschen den Tod.

Die Taktik der englischen Kräfte sah vor, dass die eigenen Truppen die gegnerischen Gräben erreichen sollten, wenn zuvor durch massiven Artilleriebeschuss der Gegner ausgeschaltet werde. Die Strategie der alliierten Truppen war es also zum einen, die gegnerischen Soldaten unter den »shell shock« zu setzen, so wie sie es selbst in Verdun erfahren hatten, zum anderen sollte die immense Zahl an Granaten die Unterstände und Bauten vernichten. Außerdem wurde die deutsche Front untergraben und teilweise gesprengt, wie der »Lochnagar«-Krater bei La Boiselle noch heute zeigt. Seine Dimension von 21 Metern Tiefe und 91 Metern Breite lassen die Wucht der Explosion nur erahnen.

Nachdem das einen Tag andauernde Trommelfeuer eingestellt worden war, wurde der Befehl zum Angriff gegeben. Das Einstellen des Artilleriefeuers war für die deutschen Soldaten das Zeichen, ihre Bunker und Gräben zu verlassen, die das Trommelfeuer recht gut überstanden hatten. Sie besetzten die Maschinengewehrnester und konnten so den angreifenden englischen Truppen erhebliche Verluste zufügen.

Rund 10 Prozent aller eingesetzten Briten fanden am ersten Tag, dem 1. Juli, den Tod, das Ulster Regiment verlor sogar mehr als die Hälfte seiner Soldaten. Verheerend für die englischen Soldaten erwies sich die Einschätzung, dass die deutschen Truppen nicht mehr zur Gegenwehr fähig wären und dass deshalb die Soldaten konzentriert in Gruppen eingesetzt werden könnten. Diese Gruppen gaben aber für die deutschen Maschinengewehrschützen leichte Ziele ab.

In den folgenden Wochen änderte die englische Führung das Vorgehen. Nicht mehr das massierte, sondern das vereinzelte Vorgehen sollte die deutschen Truppen unter Druck setzen. Diese Taktik war erfolgreicher. Am 14. Juli gelang es den englischen Kräften, die deutschen zu überraschen, sie kämpften sich sechs Kilometer hinter die Frontlinie, was aber aufgrund des langsamen Nachgehens der übrigen britischen Truppen nicht genutzt werden konnte. Die deutschen Trup-

Vom Grauen des Krieges sollten die Daheimgebliebenen möglichst wenig erfahren: In der Württembergischen Kriegsausstellung in Stuttgart 1916 wurden vor allem Objekte ausgestellt, die an der Front zum Einsatz kamen.

pen stabilisierten daraufhin wieder den Frontverlauf. Die Kämpfe wogten in den nächsten Wochen hin und her, keine Seite konnte einen Vorteil erreichen.

Die badischen Truppen wurden durch die Sommeschlacht besonders betroffen. Die 28. Reservedivision bestand nur noch aus »Trümmern« und wurde schließlich zur Erholung in die Champagne zurückverlegt. Gegen Ende des Jahres wurde die Division zur Sicherung der Verdun-Stellung verwendet. Wie die Schlacht von Verdun war auch die Schlacht an der Somme nicht entscheidbar, sie war, wie der englische Militärhistoriker Basil Liddell Hart zusammenfasste: »Nothing but stupid mutual mass-slaughter« (Nichts anderes als dummes, gegenseitiges Massenschlachten).

Die Ostfront

Die wiedererstarkte russische Armee setzte alles daran, den territorialen Verlust des Jahres 1915 wieder wettzumachen. Dazu führte die Generalität rund 100 000 Soldaten in die Schlacht am Naratsch-See. Diese Schlacht ging aufgrund mangelnden taktischen Verhaltens der Generale für die russische Armee verloren, die eingesetzten Einheiten wurden fast gänzlich aufgerieben. Die deutschen Truppen hatten durch die Erfahrungen an der Westfront gelernt, während eines Artilleriebeschusses Deckung in den sicheren Unterständen zu suchen und nach Ende des zudem ungenauen russischen Artillerieangriffs die in engen Gruppen vorstoßenden russischen Einheiten – ähnlich wie in der Schlacht an der Somme – aufzureiben. Das russische Oberkommando schien nach der verlorenen Schlacht, die mit der Hoffnung auf die große Wende verbunden war, führungslos, die russische Armee in Auflösung begriffen. Anteil am Sieg am Naratschsee hatten auch die badischen Truppen, das Reserveinfanterieregiment Nr. 250 sowie ein Teil des Reservefeldartillerieregiments Nr. 55.

Die russische Armee begann sich nach dem Debakel am Naratsch-See zu reorganisieren, ersetzte ältere Truppenführer durch jüngere, besser ausgebildete und ließ den General Alexej Alexejewitsch Brussilow gewähren, der einen Angriff auf die deutschen Truppen an der Ostfront zur Entlastung der Westfront – die Schlacht um Verdun hatte gerade begonnen – und der Verbündeten Frankreich und England plante. Seine Truppen griffen die deutschen Truppen in vielen kleinen Angriffen entlang der Front an, führten Scheinangriffe aus, drangen in das Grabensystem ein und erreichten so, dass sich die deutschen Truppen überrascht vom Taktikwechsel und den vorrückenden russischen Truppen zurückziehen mussten.

Dieser Strategiewechsel führte zu einigen Erfolgen. Die russischen Truppen kämpften sich im Sommer und im Herbst 1916 bis an die Karpaten zurück. Allerdings wurden die militärischen Erfolge weiterhin mit hohen Verlusten erkauft, so dass die russischen Soldaten immer weniger bereit waren zu kämpfen. Am 20. September wurde die Offensive auf Druck der russischen Militärführung eingestellt. Nachhaltigen Einfluss auf das Kriegsgeschehen hatte die Brussilow-Offensive nicht; allerdings erzwang das Vorrücken der russischen Truppen eine Verlegung der deutschen Truppen von der Westfront um Verdun und der Somme an die Ostfront. Brussilow verhinderte so einen deutschen Erfolg in Verdun und verbes-

Das Gelände am Naratsch-See nach dem Ende der Kampfhandlungen.

serte die Ausgangslage für die russischen Truppen. Für diesen militärischen Erfolg starben auf österreichischer Seite je nach Zählung zwischen 300 000 und 600 000 Menschen, auf deutscher Seite rund 250 000 Soldaten. Auf russischer Seite starben etwa eine Million Soldaten allein bei diesem Unternehmen. Die Brussilow-Offensive ist aufgrund dieser Opferzahlen mit Verdun und der Schlacht an der Somme vergleichbar. Nur vergessen konnte man die Opfer leichter: Die Kriegsschauplätze waren zu weit entfernt, um langfristig Eingang in die deutsche Erinnerungskultur zu finden.

Gegen die vorrückenden russischen Truppen wurde ab September das badische Infanterieregiment Nr. 185 eingesetzt, das unter hohen Verlusten die Stellung halten konnte. Dies gelang auch während des Zurückdrängens der Brussilow-Offensive dem badischen Reserveinfanterieregiment Nr. 40 in Wolhynien, jeweils unter nicht unerheblichen Verlusten.

Die Front im Süden und auf dem Balkan

Noch 1916 waren kleinere Staaten Osteuropas neutral geblieben, so auch Rumänien. Durch politisches Engagement der russischen Regierung trat Rumänien – aufgrund der Anfangserfolge der Brussilow-Offensive – am 27. August 1916 in den Krieg auf Seiten der Alliierten ein. Dieser Kriegseintritt wurde von den deutschen Soldaten durchaus kritisch gesehen, so äußert sich Eugen Speh im August nachdenklich: »Was sagst du auch zu Rumänien? Ganz unverhofft kam es ja nicht, allein um wie viel wird dieser schreckliche Krieg dadurch wohl verlängert werden?«[81]

Russland erhoffte sich durch den rumänischen Kriegseintritt einen Schutz seiner südwestlichen Flanke. Der Große Generalstab entsandte zwei Armeen, mit Erich von Falkenhayn den deutschen militärischen Oberbefehlshaber und den Kriegshelden August von Mackensen, der die Schlacht an den Masurischen Seen gewonnen hatte, an der Spitze. Den beiden Armeen gelang es, Rumänien in wenigen Wochen zu besiegen und im Dezember Bukarest einzunehmen. Teil dieses Aufgebots war das badische Reserveinfanterieregiment Nr. 40 sowie die 2. Eskadron des Dragonerregiments Nr. 22, die als Teil der 9. Armee von Norden her nach Süden vorstießen.

Ende Dezember 1916 standen die deutschen Truppen schließlich an der russisch-rumänischen Grenze und bedrohten so russisches Territorium. Rumänien war auch aufgrund seiner Bodenschätze ein attraktives Kriegsziel, denn insbesondere die Erträge der rumänischen Ölfelder sowie die eben erst eingeholte Getreideernte wurde in Deutschland und Österreich dringend benötigt, um den drohenden Hunger zu lindern – öffentlich wurde eine Menge von 2,5 Millionen Tonnen Getreide kommuniziert. Die Bedürfnisse der Rumänen spielten dabei naturgemäß keine Rolle.

Ein Hohenzoller auf dem rumänischen Thron: Als König Ferdinand II. erklärte er Deutschland den Krieg.

Als Ferdinand von Hohenzollern-Sigmaringen 1865 in Sigmaringen geboren wurde, war noch nicht absehbar, dass er als rumänischer König die Geschicke des Landes in einem Weltkrieg zu steuern hatte. Da aber sein Onkel, Karl I. von Rumänien, kinderlos war, wurde Ferdinand 1880 zum Thronfolger designiert. Seit 1889 hielt er sich dauerhaft in Rumänien auf, um sich auf die Amtsübernahme vorzubereiten. Der Monarchenwechsel geschah mitten im beginnenden Weltkrieg, am 10. Oktober 1914 übernahm Ferdinand die rumänische Regentschaft und entschied, Rumänien als neutral zu erklären. Erst die Hoffnung auf einen möglichen Sieg und territoriale Gewinne gegenüber Österreich-Ungarn führten zur Kriegserklärung des einen Hohenzollern gegen den anderen: »Ich befinde mich in einer schwierigen Lage. Trotz meiner eigenen persönlichen Sympathien für Deutschland bin ich in erster Linie einig mit den Wünschen meines Volkes, das die Befreiung der unter ungarischer Herrschaft lebenden Rumänen wünscht. [...] Trotz meiner bisherigen Anhänglichkeit, meinen freundschaftlichen und politischen

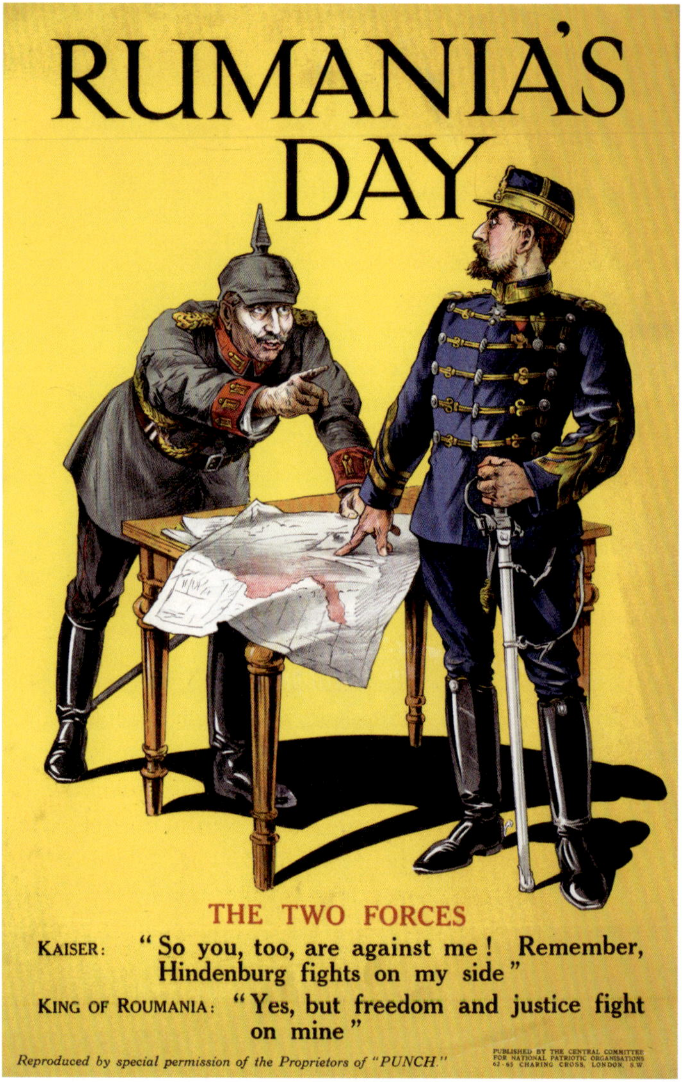

Britisches Propagandaplakat zum Kriegseintritt Rumäniens: »Kaiser: ›Du bist also auch gegen mich. Denk dran, Hindenburg kämpft auf meiner Seite!‹ König von Rumänien: ›Ja, aber Freiheit und Gerechtigkeit kämpfen an meiner.‹«

Bindungen [an Deutschland], bin ich in aller erster Linie der König meines Landes und durch Eid gebunden, ihm selbst unter Aufopferung persönlicher Gefühle zu dienen. Sollte Italien seine Neutralität gegenüber Deutschland aufgeben, so werde ich meine Regierung wahrscheinlich nicht daran hindern können, denselben Schritt zu tun.«[82] Dass, wie König

Ferdinand selbst zugibt, es eher die Regierung und politische Überlegungen waren, die zur Kriegserklärung führten, ist im Ergebnis einerlei. Die Rumänen verliehen ihrem deutschen König als Anerkennung seiner Entscheidung den Beinamen »der Treue«; Ferdinand hielt sich an sein Thronversprechen, »wie ein guter Rumäne« regieren zu wollen.

Die Gefahren – politische wie militärische – benannte Ferdinand aber ebenso offen, wie er sich zur Treue gegenüber den rumänischen Expansionswünschen bekannte: »Ich bin ein konstitutioneller König. Wenn das Land folglich glaubt, dass seine Interessen gebieten, gegen die Mittelmächte zu gehen, wird es bei mir auf keinen Widerstand in der Verwirklichung seines nationalen Ideals stoßen. Eine einzige Sache aber verlange ich von dem Land, und ich glaube, angesichts des Ernstes eines solchen Entschlusses das Recht zu haben, zu fordern, dass es sich alles gut überlegt, bevor es das letzte Wort spricht und das Schwert zieht.«[83]

Die Mahnung König Ferdinands war allzu berechtigt, denn kurzfristig erwies sich die rumänische Strategie als wenig erfolgreich. Ganz Rumänien wurde von deutschen und habsburgischen Truppen besetzt, Kronstadt fiel bereits im August, Bukarest schließlich im Dezember. Auch die russischen Truppen selbst gerieten in Bedrängnis – militärisch durch die weiteren Angriffe der Mittelmächte, politisch durch die russische »Oktoberrevolution«, so dass Ferdinand im Mai 1918 gezwungen war, einen Waffenstillstand zu verkünden und einen Friedensvertrag mit den Mittelmächten zu unterzeichnen, der erhebliche Gebietsverluste umfasste. Doch mit der Proklamation des deutschen Waffenstillstandes und den Verhandlungen um den Friedensvertrag von Versailles konnte Rumänien diesen Verlust rückgängig machen und die im neuen Friedensvertrag zugesprochenen territorialen Gewinne dazu nutzen, um aus dem Königreich Rumänien ein neues Großrumänien zu schaffen.

Parole:
Frieden!

Parole Frieden! – Ein Plakat, das zum Frieden aufruft.

1917 – Widerstand und Friedenshoffnungen

»Der Frieden von 1917 [wird] unter allen Umständen besser werden als der Frieden von 1918.« (Matthias Erzberger)

Nach vier Jahren Krieg sehnten sich die Menschen auf beiden Seiten der Fronten nach Frieden. Die Ressourcen der einzelnen kriegsbeteiligten Länder gingen zur Neige oder waren schon fast ganz aufgebraucht. Die militärische Lage hatte sich für das Deutsche Reich kaum verändert, die Fronten im Westen verharrten in Erstarrung, und im Osten kämpften noch immer russische Truppen. Die innere Lage des Deutschen Reiches wurde durch die Forderungen nach höheren Löhnen, niedrigeren Preisen und mehr politischer Mitsprache immer komplizierter.

Zu Beginn des Jahres 1917 zeigten sich alle gesellschaftlichen Probleme wie unter einem Brennglas. In den meisten Parteien, nicht nur in der SPD, wurde offen über die Abschaffung des preußischen Dreiklassenwahlrechts und die Einführung des allgemeinen Wahlrechts (allerdings nur für Männer) debattiert. Selbst der Kaiser sah sich im Frühjahr 1917 genötigt, auf die Wortführer dieser großen oppositionellen parteiübergreifenden Gruppe einzugehen, und verkündete in seiner bekannten »Osterbotschaft« vom 7. April 1917, dass er das Dreiklassenwahlrecht tatsächlich abschaffen und weitere Reformen durchführen werde. Allerdings wolle er damit bis Kriegsende warten. Schriftlich ließ Kaiser Wilhelm verbreiten: »Noch stehen Millionen Volksgenossen im Felde, noch muß der Austrag des Meinungsstreites hinter der Front, der bei einer eingreifenden Verfassungsänderung unvermeidlich ist, im höchsten vaterländischen Interesse verschoben werden, bis die Zeit der Heimkehr unserer Krieger gekommen ist und sie selbst am Fortschritt der neuen Zeit mitraten und -taten können. Damit aber sofort beim glücklichen Ende des Krieges, das, wie ich zuversichtlich hoffe, nicht mehr fern ist, das Nötige und Zweckmäßige auch in dieser Beziehung geschehen kann, wünsche Ich, daß die Vorbereitungen unverweilt abgeschlossen werden.«[84]

Diese Propaganda-fotografie aus dem Jahr 1917 zeigt Hindenburg, Wilhelm II. und Ludendorff im Hauptquartier der Obersten Heeres-leitung.

Diese »Osterbotschaft« des Kaisers sollte die Öffentlichkeit und die teils revolutionäre Stimmung – insbesondere innerhalb der Arbeiterschaft und der unteren Mittelschicht – beruhigen. Die gewählte Rhetorik allerdings betonte, dass der Weltkrieg eine gerechter Verteidigungskrieg sei, die Opfer nicht sinnlos gebracht und am Ende die Leiden der Bevölkerung belohnt werden würden: »Das Bewußtsein, daß sich das Vaterland in bitterer Notwehr befand, übte eine wunderbar versöhnende Kraft aus, und trotz aller Opfer an Blut draußen im Feld und schwerer Entbehrungen daheim ist der Wille unerschütterlich geblieben, für den siegreichen Endkampf das Letzte einzusetzen.«[85]

Die Hinhaltetaktik war offensichtlich, weshalb der Kaiser das Ziel, die Stimmung in der Bevölkerung zu beruhigen, auch nicht erreichte. Zudem war eine Demoralisierung der kämpfenden Soldaten als auch der »Heimatfront« nicht ausgeschlossen, wenn gesellschaftliche Reformen im Inneren versprochen, aber nicht umgesetzt worden wären. Noch weiter verschärft hätte sich die Situation, wenn das Deutsche Reich den Alliierten einen bedingungslosen Frieden angeboten hätte. Die kommenden Friedensinitiativen des Jahres hatten gerade deshalb wenig Aussicht auf Erfolg – ein Dilemma, das das Jahr 1917 prägen sollte.

Besonders die SPD saß zwischen allen Stühlen. Größere Teile der Partei hatten sich schon vor dem Kriegseintritt 1914 gegen die Unterstützung und Beteiligung an einem Krieg gegen Serbien ausgesprochen und wollten anfangs die Burgfriedenspolitik nicht mittragen. Konnte sich am Beginn des Krieges im Überschwang des nationalen Pathos die Parteileitung noch durchsetzen, zerfiel die SPD im Laufe des Krieges immer stärker in oppositionelle, dem Krieg ab- und dem Klassenkampf zugeneigte Kreise, während die konservativen, am Staat mitarbeitenden und eingebundenen Mitglieder der Partei immer stärker in den Hintergrund rückten.

USPD und Spartakusbund in Württemberg und Baden

In Württemberg hatte sich die Sozialdemokratie 1914 nach ersten Friedensdemonstrationen für die »Burgfriedenspolitik« ausgesprochen. Gleichwohl übte in der Folge der eher links orientierte sozialdemokratische Ortsverein Stuttgart großen Einfluss auf den Landesvorstand aus, da drei Redakteure der wichtigen SPD-Zeitung »Schwäbische Tagwacht« dessen Mitglieder waren und das Presseorgan zu einem Sprachrohr des Ortsvereins gemacht hatten. Der Ortsverein der Residenzstadt hatte der proletarischen Revolution und der Verwirklichung des Sozialismus noch nicht abgeschworen. Die Landesleitung der SPD allerdings sah nur in der Unterstützung der Burgfriedenspolitik die Möglichkeit, nicht von staatlichen Repressionen betroffen zu werden und die positive Einstellung der Bevölkerung gegenüber der gemäßigten Sozialdemokratie für sich zu nutzen. Daher entschied die SPD-Landesführung, die drei Redakteure der »Schwäbischen

Tagwacht« zu entlassen, nachdem sich diese geweigert hatten, andere sozialdemokratische Meinungen und Äußerungen als die des linken Parteiflügels zu drucken.

Dass sich im Stuttgarter Ortsverein die radikalen Sozialdemokraten sammeln konnten, lag vor allem in der weitreichenden württembergischen Pressefreiheit unter König Wilhelm II. begründet, die erlaubte, dass in Stuttgart Schriften und Bücher gedruckt wurden, die in anderen Teilen des Reiches nicht erscheinen konnten. Auch aus diesem Grund waren Lenin, Clara Zetkin und Karl Liebknecht recht häufig in Stuttgart bzw. lebten dort. 1907 hatte in der Stadt sogar der Internationale Sozialistenkongress getagt.

Der Stuttgarter SPD-Ortsverein rebellierte also gegen die Politik und Entscheidungen der eigenen Landesparteiführung. Die Stuttgarter SPD hielt seine Mitglieder an, die Mitgliedsbeiträge nicht mehr zu überweisen und ein neues Parteipresseorgan zu gründen. Diesem Vorbild folgten in ganz Württemberg weitere Ortsverbände. Die oppositionellen Sozialdemokraten spalteten sich nun ganz von der Mutterpartei ab und gründeten die »Sozialistische Vereinigung«, die zwischen 1915 und 1917 den oppositionellen Sozialdemokraten eine Heimat bot.

Auch im badischen Heidelberg registrierte Karl Hampe die Spaltung der württembergischen Sozialdemokratie: »Ich glaube, daß die Spaltung [der Sozialdemokratie] doch nicht zu vermeiden sein wird. Im württembergischen Landtag ist eben ein Anfang mit dem Abschwenken von drei Radikalen gemacht.«[86]

Während im Jahr 1914 die oppositionellen Kreise in Baden eher schwach waren und auf einzelne Symbolfiguren wie Karl Liebknecht, der gegen die Bewilligung der Kriegskredite stimmte, angewiesen waren, institutionalisierte sich der Widerstand gegen die offizielle Parteipolitik hier erst im Laufe des Jahres 1915. Wichtigste Gruppe in Baden war die 1915 gegründete »Gruppe Internationale«, an der auch die Stuttgarterin Clara Zetkin – die zum Beispiel in Karlsruhe mittels Flugblättern für die baldige Revolution agitierte – führend beteiligt war. Bekannt wurde die Gruppe allerdings unter ihrem späteren Namen »Spartakusbund«. Die Spartakisten forderten die Umsetzung des kommunistischen Programms, die Vergemeinschaftung der Produktionsmittel, einen sofortigen Ausstieg aus dem Krieg und den Kommunismus im Allgemeinen.

Im April 1917 schließlich fanden sich verschiedene Oppositionsgruppen der Sozialdemokratie aus ganz Deutschland in Gotha ein, dem für die SPD bis dato wohl wichtigsten Versammlungsort – dort hatten sich die beiden Vorläuferparteien der SPD 1875 zusammengefunden und vereinigt –, um ihr weiteres Vorgehen zu beraten. Die Partei war dazu übergegangen, einzelne Mitglieder auszuschließen, die sich

Der prominente badische SPD-Reichstagsabgeordnete Adolf Geck trat 1917 zur USPD über.

zu sozialistisch gerierten, auch Ortsverbände wurden ausgegrenzt, indem Mitgliederbeiträge nicht erstattet bzw. zurückgehalten wurden, um so Einigkeit herzustellen. Dazu meinte ein badischer, den Oppositionellen zuneigender Redner im badischen Landesvorstand: »Nach meiner Auffassung haben wir die bewährten Prinzipien der Sozialdemokratie verlassen. Wir müssen wieder Klassenpolitik treiben und dürfen uns nicht zur sozialliberalen Partei umwandeln.«[87] Diese Stimmung entwickelte in Gotha eine eigene Dynamik, an deren Ende überraschenderweise die Abspaltung der oppositionellen Gruppen von der SPD stand, die Unabhängige Sozialdemokratie (USPD) war geboren. Der Spartakusbund wurde als autonome Vereinigung in die USPD übernommen, die württembergische Sozialistische Vereinigung trat ebenfalls bei.

In Baden führte im Anschluss an die Gothaer Tagung der Austritt Adolf Gecks, des »alten Mannes« der badischen SPD, zu einiger Aufregung. Dass der führende badische Sozialdemokrat Wilhelm Kolb, wie Hans-Peter Müller bemerkt, die SPD »zu einer sozialpatriotischen Reformpartei stempelte und die Spaltung der Partei predigte als notwendige ›Konsequenz‹«[88], stellte ihn, Kolb, in eine Linie mit dem linksliberal-national denkenden Friedrich Naumann und habe für Geck nichts anderes als den Parteiaustritt zugelassen.

Im Südwesten gewann die USPD aufgrund des fehlenden Wählerpotenzials im Verhältnis zu Mittel- und Norddeutschland letztendlich kaum an Bedeutung, da es an »proletarischen Industriearbeitern« mangelte und der südwestdeutsche »Arbeiterbauer« – also landwirtschaftlicher Nebenerwerb zur unmittelbaren Selbstversorgung kombiniert mit entlohnter Fabrikarbeit – radikalen Tendenzen entgegenwirkte. Die badische »Volksstimme« titelte dann auch: »Die badische Sozialdemokratie steht zur alten Partei!«[89]

Nur in den industriellen Zentren wie Mannheim, Karlsruhe, etwas geringer in Stuttgart und Ulm gelang es der USPD, aus dem Reservoir bisheriger Nichtwähler zu schöpfen und so ihren neuen Einfluss geltend zu machen. Die organisatorischen Schwierigkeiten, die mit der Abspaltung der USPD einhergingen, wie zum Beispiel die Trennung des Par-

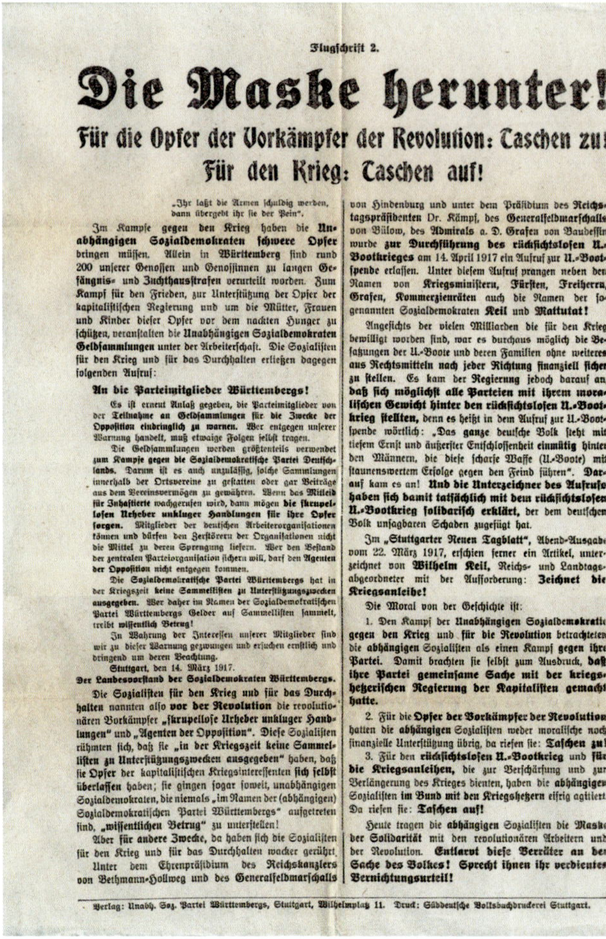

Flugschrift 2.

Die Maske herunter!

Für die Opfer der Vorkämpfer der Revolution: Taschen zu! Für den Krieg: Taschen auf!

„Ihr laßt die Armen schuldig werden, dann übergebt ihr sie der Pein".

Im Kampfe **gegen den Krieg** haben die **Unabhängigen Sozialdemokraten schwere Opfer** bringen müssen. Allein in **Württemberg** sind rund 200 unserer Genossen und Genossinnen zu langen **Gefängnis- und Zuchthausstrafen** verurteilt worden. Zum Kampf für den Frieden, zur Unterstützung der Opfer der kapitalistischen Regierung und um die Mütter, Frauen und Kinder dieser Opfer vor dem nackten Hunger zu schützen, veranstalten die **Unabhängigen Sozialdemokraten Geldsammlungen** unter der Arbeiterschaft. Die Sozialisten für den Krieg und für das Durchhalten erließen dagegen folgenden Aufruf:

An die Parteimitglieder Württembergs!

Es ist erneut Anlaß gegeben, die Parteimitglieder von der **Teilnahme an Geldsammlungen für die Zwecke der Opposition eindringlich zu warnen.** Wer entgegen unserer Warnung handelt, muß etwaige Folgen selbst tragen.

Die Geldsammlungen werden größtenteils verwendet **zum Kampfe gegen die Sozialdemokratische Partei Deutschlands.** Darum ist es auch unzulässig, solche Sammlungen innerhalb der Ortsvereine zu gestatten oder gar Beiträge aus dem Vereinsvermögen zu gewähren. Wenn das **Mitleid für Inhaftierte** wachgerufen wird, dann mögen **die skrupellosen Urheber unkluger Handlungen für ihre Opfer sorgen.** Mitglieder der deutschen Arbeiterorganisationen können und dürfen den Zerstörern der Organisationen nicht die Mittel zu deren Sprengung liefern. Wer den Bestand der zentralen Parteiorganisation sichern will, darf den **Agenten der Opposition** nicht entgegen kommen.

Die **Sozialdemokratische Partei Württembergs** hat in der Kriegszeit **keine Sammellisten zu Unterstützungszwecken ausgegeben.** Wer daher im Namen der Sozialdemokratischen Partei Württembergs Gelder auf Sammellisten sammelt, treibt **wissentlich Betrug!**

In Wahrung der Interessen unserer Mitglieder sind wir zu dieser Warnung gezwungen und ersuchen ernstlich und dringend um deren Beachtung.

Stuttgart, den 14. März 1917.

Der Landesvorstand der Sozialdemokraten Württembergs.

Die **Sozialisten für den Krieg und für das Durchhalten** nannten also **vor der Revolution** die revolutionären Vorkämpfer **„skrupellose Urheber unkluger Handlungen"** und **„Agenten der Opposition".** Diese Sozialisten rühmten sich, daß sie **„in der Kriegszeit keine Sammellisten zu Unterstützungszwecken ausgegeben"** haben, daß sie **Opfer** der kapitalistischen Kriegsinteressenten **sich selbst überlassen** haben; sie gingen sogar soweit, unabhängigen Sozialdemokraten, die niemals „im Namen der (abhängigen) Sozialdemokratischen Partei Württembergs" aufgetreten sind, **„wissentlichen Betrug"** zu unterstellen!

Aber **für andere Zwecke,** da haben sich die Sozialisten für den Krieg und für das Durchhalten wacker gerührt.

Unter dem Ehrenpräsidium des **Reichskanzlers** von Bethmann-Hollweg und des **Generalfeldmarschalls** von Hindenburg und unter dem Präsidium des **Reichstagspräsidenten** Dr. Kämpf, des **Generalfeldmarschalls** von Bülow, des **Admirals** a. D. **Grafen** von Baudessin wurde **zur Durchführung des rücksichtslosen U.-Bootkrieges** am 14. April 1917 ein Aufruf zur **U.-Bootspende** erlassen. Unter diesem Aufruf prangen neben den Namen von **Kriegsministern, Fürsten, Freiherrn, Grafen, Kommerzienräten** auch die Namen der sogenannten Sozialdemokraten **Keil** und **Mattutat!**

Angesichts der vielen Milliarden die für den Krieg bewilligt worden sind, war es durchaus möglich die Besatzungen der U.-Boote und deren Familien ohne weiteres **aus Rechtsmitteln nach jeder Richtung finanziell sicher zu stellen.** Es kam der **Regierung** jedoch darauf an, **daß sich möglichst alle Parteien mit ihrem moralischen Gewicht hinter den rücksichtslosen U.-Bootkrieg stellten,** denn es heißt in dem Aufruf zur U.-Bootspende wörtlich: „Das **ganze** deutsche Volk steht mit tiefem Ernst und äußerster Entschlossenheit **einmütig** hinter den Männern, die diese scharfe Waffe (U.-Boote) mit staunenswertem Erfolge gegen den Feind führen". **Darauf** kam es an! **Und die Unterzeichner des Aufrufs haben sich damit tatsächlich mit dem rücksichtslosen U.-Bootkrieg solidarisch erklärt,** der dem deutschen Volk unsagbaren Schaden zugefügt hat.

Im **„Stuttgarter Neuen Tagblatt",** Abend-Ausgabe vom 22. März 1917, erschien ferner ein Artikel, unterzeichnet von **Wilhelm Keil,** Reichs- und Landtagsabgeordneter mit der Aufforderung: **Zeichnet die Kriegsanleihe!**

Die Moral von der Geschichte ist:

1. Den Kampf der **Unabhängigen Sozialdemokratie gegen den Krieg** und **für die Revolution** betrachteten die **abhängigen** Sozialisten als einen Kampf **gegen ihre Partei.** Damit brachten sie selbst zum Ausdruck, **daß ihre Partei gemeinsame Sache mit der kriegshetzerischen Regierung der Kapitalisten gemacht hatte.**

2. Für die **Opfer der Vorkämpfer der Revolution** hatten die **abhängigen** Sozialisten weder moralische noch finanzielle Unterstützung übrig, da riefen sie: **Taschen zu!**

3. Für den **rücksichtslosen U.-Bootkrieg** und **für die Kriegsanleihen,** die zur Verschärfung und zur Verlängerung des Krieges dienten, haben die **abhängigen** Sozialisten **im Bund mit den Kriegshetzern** eifrig agitiert. Da riefen sie: **Taschen auf!**

Heute tragen die **abhängigen** Sozialisten die **Maske der Solidarität** mit den revolutionären Arbeitern und der Revolution. **Entlarvt diese Verräter an der Sache des Volkes! Sprecht ihnen ihr verdientes Vernichtungsurteil!**

Verlag: Unabh. Soz. Partei Württembergs, Stuttgart, Wilhelmplatz 11. Druck: Süddeutsche Volksbuchdruckerei Stuttgart.

Flugblatt der USPD Württemberg.

teivermögens oder das Einziehen der Mitgliederbeiträge, verursachte in der SPD einigen Ärger und schwächte die Partei zusehends. Die Sozialdemokratie sprach nun nicht mehr mit einer Stimme, sondern zerfiel in einen ganzen Chor.

Die Regierungs- und Landtagspolitik in Baden und Württemberg wurde durch die Gründung der USPD aber nicht eingeschränkt. Vor allem im Reichstag und nach Ende des Weltkriegs sollte diese Spaltung erhebliche Auswirkungen haben und die politische Struktur der Weimarer Demokratie dauerhaft unterhöhlen.

Der Mannheimer »Aprilstreik«

Die Unzufriedenheit der Bevölkerung mit der alltäglichen Lebenssituation – niedrige Löhne, knappe Nahrungsmittel, hohe Arbeitsleistung – führten schon seit Längerem zu einer unruhigen Stimmung innerhalb der Arbeiterschaft. Auslöser für Streiks waren Neubestimmungen in der Lebensmittelversorgung. Meist handelte es sich schlicht um eine Kürzung der ohnehin schon kaum auskömmlichen Lebensmittelzuweisung.

Die Lage wurde von den Behörden vor Ort pessimistisch eingeschätzt. So äußerte sich der Mannheimer Oberbürgermeister Theodor Kutzer im Frühjahr 1917: »Auf dem Rathaus haben sich Szenen abgespielt, die zu Gott schreien. Eine Kleinigkeit genügt, um eine Explosion (Revolution) herbeizuführen.«[90]

Diese Kleinigkeit ergab sich im März 1917. Zuvor war es bereits zu kleineren Streiks und eintägigen Arbeitsniederlegungen gekommen. Als sich dann die Arbeiter des Mannheimer Benz-Werkes zum Streik entschlossen, sprang der Funke auf die ganze Mannheimer Arbeiterschaft über. Die Arbeiter wollten eine Vergütung ihrer zusätzlichen Überstunden erreichen – mittlerweile arbeiteten sie jeden Tag der Woche und auch sonntags neun Stunden – sowie eine zusätzliche Lebensmittelzuweisung. Die Lebensmittel hatten sich seit Beginn des Krieges dramatisch verteuert. So kostete das Kilo Fleisch das Dreifache, während die Löhne in derselben Zeit sich lediglich verdoppelt hatten. Der Streik der Mannheimer Benz-Arbeiter sprang rasch auf andere große Industriebetriebe Mannheims über und schließlich sogar auf die Arbeiter des städtischen Elektrizitätswerkes. Nur durch die Umsicht der Behörden, die vermittelnd zwischen Unternehmensleitung und Arbeitern auftraten und eine Mitsprache der Arbeiter in der Nahrungsmittelversorgung des Betriebes versprachen, konnte der Streik friedlich gelöst werden.

Der Konflikt zwischen den Unternehmen und den Arbeitern war durch das vermittelnde Eingreifen allerdings nicht beigelegt, sondern nur vertagt worden. Die Zusicherung der Behörden, die berechtigten Anliegen der Arbeiter aufzugrei-

Kriegswichtige Industrie: die Flugmotorenproduktion bei Benz in Mannheim. Die Benz-Arbeiter lösten 1917 die Streikwelle in Mannheim aus.

fen und in Verhandlungen mit den Unternehmen zu treten, befriedete die Situation zunächst, so dass nicht einmal die im April vorgenommene Kürzung der Brotration zu größeren Auseinandersetzungen führte.

Die Mannheimer Unternehmer schätzten die Lage nun falsch ein, denn kaum war die Gefahr des Streiks gebannt, wollten sie von ihren Zusicherungen, die Verteilung der Lebensmittel im Betrieb gerechter vorzunehmen und die Arbeiter beteiligen zu wollen, nichts mehr wissen. Die Verhandlungen zwischen den Behörden, die sich auf die Seite der Arbeiter stellten, und den Unternehmen blieben im ganzen Frühjahr 1917 ergebnislos.

Im Juli und August flackerte die Streikbereitschaft der Mannheimer Arbeiter wieder auf. Anlass für einen weiteren einwöchigen Streik im Benz-Werk waren die Verhandlungen zwischen Gewerkschaften und dem Unternehmen.

Die Benzarbeiter forderten eine Erhöhung ihrer ohnehin bereits relativ hohen Löhne, die vom Unternehmerverband abgelehnt wurde. Auch die Gewerkschaften wollten sich der Forderung der Arbeiter nicht anschließen und den Lohn auf seinem aktuellen Niveau belassen. Durch die Berichtspflicht des Unternehmens wurde im Juli der Abschluss des Geschäftsjahres bekannt, der enorme Kriegsgewinne aufzeigte. An diesen Gewinnen aber wollten die Arbeiter beteiligt werden. Sie ignorierten ihre eigene Gewerkschaft und begannen mit Streiks. Das umsichtige Eingreifen der Behörden, die zwischen Angeboten zur Vermittlung und Androhung von Gewalt pendelten, und schließlich eine Lohnerhöhung um 20 Prozent sowie eine Verkürzung der regulären Arbeitszeit beruhigten schließlich die Arbeiter, die ihren Streik nun abbrachen. Standen im Frühjahr wie bei allen »Aprilstreiks« im Reich noch Fragen der Lebensmittelversorgung im Vordergrund, wandelten sich jetzt die Streiks zu Protesten und erhielten eine politische Note. Dass der Betriebsgewinn teils an die Arbeiter ausgeschüttet werden sollte, erinnerte manchen an »Kriegssozialismus«.[91] Den Rest des Jahres verhielten sich die Mannheimer Arbeiter abwartend und meist ruhig. Erst nach dem Jahreswechsel 1917/18 kam es wieder zu größeren Streikandrohungen und Betriebsversammlungen.

Aber nicht nur in der Zivilbevölkerung, sondern auch in der Armee wuchs die Unruhe. In Frankreich meuterten 16 Armeekorps, weil die Verluste in der Champagne und am »Chemin des Dames«, einem Höhenzug bei Reims, so immens waren, dass ein Einsatz den sicheren Gang in den Tod bedeutete. In Deutschland war vor allem die Marine von Meuterei bedroht, was allerdings durch hartes Durchgreifen niedergeschlagen wurde. Insgesamt erschien die Lage bei den deutschen Truppen zufriedenstellender als in Frankreich, Massenmeutereien kamen hier nicht vor.

Insgesamt wuchs die Unruhe in der Bevölkerung und der Armee im Jahr 1917 zusehends. Vor allem die Achsenmächte sahen sich dadurch gezwungen, den Krieg zu beenden – möglichst mit einem Friedensangebot, das beiden Seiten die Möglichkeiten zu Verhandlungen ließ.

Erzberger und die vergeblichen Friedensbemühungen

Die Friedensinitiativen des Jahres 1917 waren in politischer Hinsicht recht aussichtsreich, schied Russland doch aufgrund der Revolution im eigenen Land im Laufe des Jahres als kriegführende Partei aus. Die Ostfront schien gesichert und Verstärkung für die Westfront war aus Sicht der Mittelmächte möglich. Die Alliierten mussten ein Erstarken der Mittelmächte fürchten und hätten daher durchaus Anlass gehabt, auf Friedensvermittlungen einzugehen. Hardliner auf beiden Seiten verhinderten aber ein vorzeitiges Ende des Weltkrieges.

Den Anfang der Friedensbemühungen machte der österreichische Kaiser Karl I., der seinem Großonkel Kaiser Franz Joseph 1916 im Amt nachgefolgt war. In Österreich-Ungarn war die innenpolitische Lage 1916 und 1917 noch angespannter als im Deutschen Reich, zudem lag die Italienfront teils auf italienischem, teils auf österreichischem Gebiet. Kaiser Karl beauftragte seinen Schwager, den Prinzen Sixtus von Bourbon-Parma, mit der Sondierung eines Friedens. Sixtus eignete sich aus mehreren Gründen, als Schwager des Kaisers, als italienischer Adeliger und gleichzeitig Offizier der belgischen Armee verfügte er über Kontakte zu allen wichtigen Kriegsbeteiligten und genoss das Vertrauen des österreichischen Kaisers. Allerdings waren die Vorschläge Sixtus' etwas weltfremd, denn das Deutsche Reich sollte Elsass-Lothringen und Belgien abtreten und Kriegsentschädigungen bezahlen, Österreich sollte Serbien zurückgeben und Russland einen Zugang zum Mittelmeer erhalten. Der österreichische Kaiser stimmte dem Vorschlag zu, allerdings unterließ er es, seine deutschen Verbündeten rechtzeitig davon in Kenntnis zu setzen.

Erst im Mai 1917 erfuhr Reichskanzler Theobald von Bethmann Hollweg von der Vermittlungsmission. Dieser stimmte er grundsätzlich zu, in mehreren Treffen signalisierten das Deutsche Reich und Österreich Verhandlungsbereitschaft. Insgesamt schien eine Verhandlungslösung möglich, wenn sich die Regierungen darauf einließen, der Formel des ameri-

Reichskanzler Bethmann Hollweg engagierte sich für einen Verständigungsfrieden.

kanischen Präsidenten Woodrow Wilson zu folgen, der einen Frieden ohne Sieger und Besiegte und ohne Annexionen vorgeschlagen hatte. Doch konnten sich weder Alliierte noch die Mittelmächte auf die Formel Wilsons einlassen.

Die Verteidigung der Separatinteressen und der – wenn auch immer weiter eingeschränkten – Kriegsziele führten schließlich zur Ablehnung der Friedensmission durch Italien, noch im April 1917, und schließlich auch durch Frankreich, so dass im späten Frühjahr 1917 die Friedenssondierungen im Sande verliefen. Karl Lang, aus dem württembergischen Endersbach, ein Bekannter Eugen Spehs, schrieb schon Ende 1916: »Ja das Wort Frieden können unsere Feinde gar nicht mehr hören, das zeigt die Antwort auf unser Angebot, so hat sie der Feind verzaubert.«[92]

In Deutschland hatte die Sozialdemokratie im April 1917 ebenfalls eine Friedensresolution verabschiedet, in der sie die russische Februarrevolution begrüßte und diese als ersten Schritt auf dem Weg zur Durchsetzung des Sozialismus sah. Selbstverständlich hatte diese Friedensresolution überhaupt keine Auswirkungen. Aber sie machte den staatlichen Behörden Sorge, kam es doch auch zu Streiks und Demonstrationen, hinter denen als Agitator die Sozialdemokratie vermutet wurde.

Allerdings erhöhten die österreichische Friedensmission und der Appell der Sozialdemokratie den Druck auf die deutschen Politiker. Die Mitglieder des Reichstags versuchten nach ihrer Ausschaltung durch Hindenburg und Ludendorff während der Dritten Obersten Heeresleitung das Heft des Handelns wieder in die Hand zu bekommen. Während in den Kriegsjahren zuvor auch die Reichstagsabgeordneten auf territoriale Annexionen nicht verzichten wollten, führten die Dauer und die enormen Verluste 1916 zu einem Umdenken. Die Mehrheit des Reichstages konnte sich nun mit der Wilson-Formel arrangieren, zumal diese und damit der Annexionsverzicht als Vorbedingung für einen Verständigungsfrieden galt. Reichskanzler Bethmann Hollweg konnte sich dieser Sicht nicht anschließen. Er meinte, ein Verständigungsfrieden könne nur aus einer starken Position erzielt werden und man könne auf Annexionen während der Friedensverhandlung verzichten, nicht aber bereits im Voraus, um die (wenigen) Trümpfe, die die Mittelmächte noch in der Hand hielten, nicht zu verlieren.

Im Hauptausschuss des Reichstages, eine Art informeller kleiner Reichstag, in dem die wichtigsten Parteien und Personen vertreten waren und dort Sondierungen für die Sitzungen des Reichstages durchführten, machte Bethmann Hollweg noch am 6. Juli 1917 deutlich, dass er an seiner Linie festhalten wolle, während Matthias Erzberger in seiner Rede das »Fiasko« des uneingeschränkten U-Boot-Krieges klar aussprach. Er erkannte die Parlamentarisierung der deutschen Außenpolitik als einzige Chance und artikulierte sie deutlich. Ein Abgeordneter, der die Rede Erzbergers im Reichstag mitgehört hatte, notierte daraufhin in seinem Kalender: »Beginn der Revolution.«[93] Und auch der Heidelberger Pro-

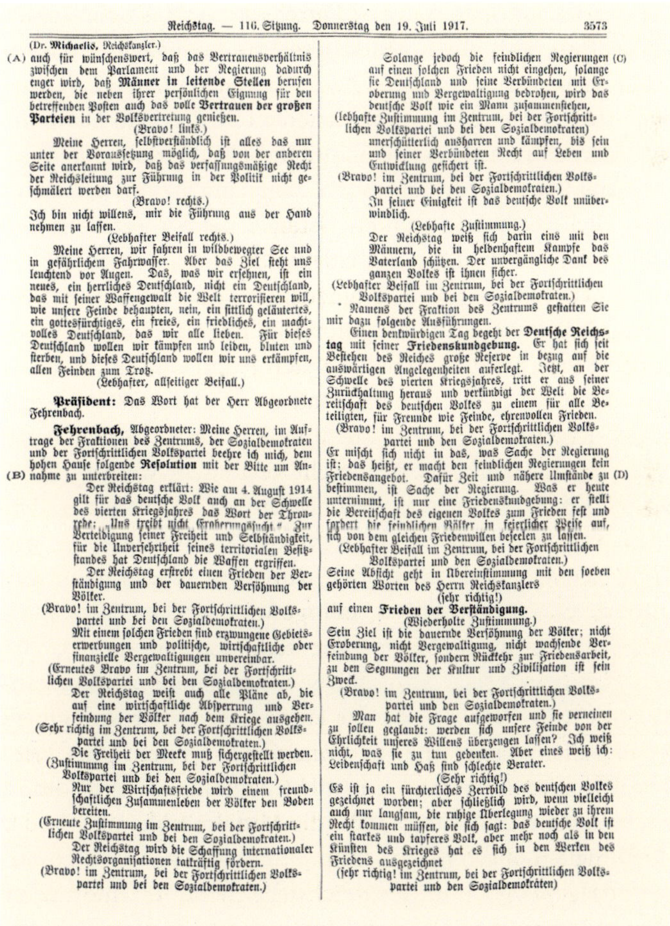

Reichstag. — 116. Sitzung. Donnerstag den 19. Juli 1917. 3573

(Dr. **Michaelis**, Reichskanzler.)

(A) auch für wünschenswert, daß das Vertrauensverhältnis zwischen dem Parlament und der Regierung dadurch enger wird, daß **Männer in leitende Stellen** berufen werden, die neben ihrer persönlichen Eignung für den betreffenden Posten auch das volle **Vertrauen der großen Parteien** in der Volksvertretung genießen.

(Bravo! links.)

Meine Herren, selbstverständlich ist alles das nur unter der Voraussetzung möglich, daß von der anderen Seite anerkannt wird, daß das verfassungsmäßige Recht der Reichsleitung zur Führung in der Politik nicht geschmälert werden darf.

(Bravo! rechts.)

Ich bin nicht willens, mir die Führung aus der Hand nehmen zu lassen.

(Lebhafter Beifall rechts.)

Meine Herren, wir fahren in wildbewegter See und in gefährlichem Fahrwasser. Aber das Ziel steht uns leuchtend vor Augen. Das, was wir ersehnen, ist ein neues, ein herrliches Deutschland, nicht ein Deutschland, das mit seiner Waffengewalt die Welt terrorisieren will, wie unsere Feinde behaupten, nein, ein sittlich geläutertes, ein gottesfürchtiges, ein freies, ein friedliches, ein machtvolles Deutschland, das wir alle lieben. Für dieses Deutschland wollen wir kämpfen und leiden, bluten und sterben, und dieses Deutschland wollen wir uns erkämpfen, allen Feinden zum Trotz.

(Lebhafter, allseitiger Beifall.)

Präsident: Das Wort hat der Herr Abgeordnete Fehrenbach.

Fehrenbach, Abgeordneter: Meine Herren, im Auftrage der Fraktionen des Zentrums, der Sozialdemokraten und der Fortschrittlichen Volkspartei beehre ich mich, dem hohen Hause folgende **Resolution** mit der Bitte um An-

(B) nahme zu unterbreiten:

Der Reichstag erklärt: Wie am 4. August 1914 gilt für das deutsche Volk auch an der Schwelle des vierten Kriegsjahres das Wort der Thronrede: „Uns treibt nicht Eroberungssucht." Zur Verteidigung seiner Freiheit und Selbständigkeit, für die Unversehrtheit seines territorialen Besitzstandes hat Deutschland die Waffen ergriffen.

Der Reichstag erstrebt einen Frieden der Verständigung und der dauernden Versöhnung der Völker.

(Bravo! im Zentrum, bei der Fortschrittlichen Volkspartei und bei den Sozialdemokraten.)

Mit einem solchen Frieden sind erzwungene Gebietserwerbungen und politische, wirtschaftliche oder finanzielle Vergewaltigungen unvereinbar.

(Erneutes Bravo im Zentrum, bei der Fortschrittlichen Volkspartei und bei den Sozialdemokraten.)

Der Reichstag weist auch alle Pläne ab, die auf eine wirtschaftliche Absperrung und Verfeindung der Völker nach dem Kriege ausgehen.

(Sehr richtig im Zentrum, bei der Fortschrittlichen Volkspartei und bei den Sozialdemokraten.)

Die Freiheit der Meere muß sichergestellt werden.

(Zustimmung im Zentrum, bei der Fortschrittlichen Volkspartei und bei den Sozialdemokraten.)

Nur der Wirtschaftsfriede wird einem freundschaftlichen Zusammenleben der Völker den Boden bereiten.

(Erneute Zustimmung im Zentrum, bei der Fortschrittlichen Volkspartei und bei den Sozialdemokraten.)

Der Reichstag wird die Schaffung internationaler Rechtsorganisationen tatkräftig fördern.

(Bravo! im Zentrum, bei der Fortschrittlichen Volkspartei und bei den Sozialdemokraten.)

Solange jedoch die feindlichen Regierungen (C) auf einen solchen Frieden nicht eingehen, solange sie Deutschland und seine Verbündeten mit Eroberung und Vergewaltigung bedrohen, wird das deutsche Volk wie ein Mann zusammenstehen,

(lebhafte Zustimmung im Zentrum, bei der Fortschrittlichen Volkspartei und bei den Sozialdemokraten)

unerschütterlich ausharren und kämpfen, bis sein und seiner Verbündeten Recht auf Leben und Entwicklung gesichert ist.

(Bravo! im Zentrum, bei der Fortschrittlichen Volkspartei und bei den Sozialdemokraten.)

In seiner Einigkeit ist das deutsche Volk unüberwindlich.

(Lebhafte Zustimmung.)

Der Reichstag weiß sich darin eins mit den Männern, die in heldenhaftem Kampfe das Vaterland schützen. Der unvergängliche Dank des ganzen Volkes ist ihnen sicher.

(Lebhafter Beifall im Zentrum, bei der Fortschrittlichen Volkspartei und bei den Sozialdemokraten.)

Namens der Fraktion des Zentrums gestatten Sie mir dazu folgende Ausführungen.

Einen denkwürdigen Tag begeht der **Deutsche Reichstag** mit seiner **Friedenskundgebung.** Er hat sich seit Bestehen des Reiches große Reserve in bezug auf die auswärtigen Angelegenheiten auferlegt. Jetzt, an der Schwelle des vierten Kriegsjahres, tritt er aus seiner Zurückhaltung heraus und verkündigt der Welt die Bereitschaft des deutschen Volkes zu einem für alle Beteiligten, für Freunde wie Feinde, ehrenvollen Frieden.

(Bravo! im Zentrum, bei der Fortschrittlichen Volkspartei und den Sozialdemokraten.)

Er mischt sich nicht in das, was Sache der Regierung ist; das heißt, er macht den feindlichen Regierungen kein Friedensangebot. Dafür Zeit und nähere Umstände zu (D) bestimmen, ist Sache der Regierung. Was er heute unternimmt, ist nur eine Friedenskundgebung: er stellt die Bereitschaft des eigenen Volkes zum Frieden fest und fordert die feindlichen Völker in feierlicher Weise auf, sich von dem gleichen Friedenwillen beseelen zu lassen.

(Lebhafter Beifall im Zentrum, bei der Fortschrittlichen Volkspartei und den Sozialdemokraten.)

Seine Absicht geht in Übereinstimmung mit den soeben gehörten Worten des Herrn Reichskanzlers

(sehr richtig!)

auf einen **Frieden der Verständigung.**

(Wiederholte Zustimmung.)

Sein Ziel ist die dauernde Versöhnung der Völker; nicht Eroberung, nicht Vergewaltigung, nicht wachsende Verfeindung der Völker, sondern Rückkehr zur Friedensarbeit, zu den Segnungen der Kultur und Zivilisation ist sein Zweck.

(Bravo! im Zentrum, bei der Fortschrittlichen Volkspartei und den Sozialdemokraten.)

Man hat die Frage aufgeworfen und sie verneinen zu sollen geglaubt: werden sich unsere Feinde von der Ehrlichkeit unseres Willens überzeugen lassen? Ich weiß nicht, was sie zu tun gedenken. Aber eines weiß ich: Leidenschaft und Haß sind schlechte Berater.

(Sehr richtig!)

Es ist ja ein fürchterliches Zerrbild des deutschen Volkes gezeichnet worden; aber schließlich wird, wenn vielleicht auch nur langsam, die ruhige Überlegung wieder zu ihrem Recht kommen müssen, die sich sagt: das deutsche Volk ist ein starkes und tapferes Volk, aber mehr noch als in den Künsten des Krieges hat es sich in den Werken des Friedens ausgezeichnet

(sehr richtig! im Zentrum, bei der Fortschrittlichen Volkspartei und den Sozialdemokraten)

Die Reichstagsresolution vom 19. Juli 1917.

fessor für Mittelalterliche Geschichte Karl Hampe schreibt ausführlich: »Erzberger hat wirklich [...] von einem Fiasko des U-bootkrieges gesprochen; man vermutet, daß er unter österreichischen Friedenswirkungen stehe. Daß die Folgen des U-bootkrieges nicht so rasch und sicher waren, wie Alldeutschen uns vorredeten, wußte man doch längst [...] Die ›freiheitlichen Zugeständnisse‹ im Innern sind mir immerhin Nebensache. Das gleiche Wahlrecht für Preußen ist nötig und hätte auf Initiative der Krone schon vor Monaten verkündet werden sollen [...]. Aber wie ein volles parlamentarisches System, das Sozialdemokraten und Zentrumsleute zusammen vor den Karren spannt, fruchtbar arbeiten soll, ist mir unklar. Sie werden doch nur augenblicklich durch die Friedenssehnsucht zusammengetrieben! [...] Im Ganzen halte ich jetzt auch Bethmann für eine zu sehr belastete Persönlichkeit, um die Geschäfte noch ersprießlich weiterzuführen.«[94]

Nachdem in den folgenden Tagen nicht nur das Zentrum, die MSPD und schließlich auch die Nationalliberalen Bethmann Hollweg das Vertrauen entzogen hatten, musste er am 13. Juli 1917 abtreten und wurde durch Georg Michaelis ersetzt. Der Reichstag nutzte die sich ihm bietende Chance und veröffentlichte am 19. Juli 1917 seine Friedensresolution, die als Grundlage die Rede des württembergischen Abgeordneten Matthias Erzberger vom 6. Juli hatte: »Der Reichstag erstrebt einen Frieden der Verständigung und der dauernden Versöhnung der Völker. Mit einem solchen Frieden sind erzwungene Gebietserwerbungen und politische, wirtschaftliche oder finanzielle Vergewaltigungen unvereinbar. Der Reichstag weist auch alle Pläne ab, die auf eine wirtschaftliche Absperrung und Verfeindung der Völker nach dem Kriege ausgehen. Die Freiheit der Meere muß sichergestellt werden. Nur der Wirtschaftsfriede wird einem freundschaftlichen Zusammenleben der Völker den Boden bereiten. Der Reichstag wird die Schaffung internationaler Rechtsorganisationen tatkräftig fördern.«[95]

Diese Resolution ist innenpolitisch kaum überzubewerten, forderte doch nun die gewählte Legislative neue Rechte offensiv ein – dem Reichstag stand bislang nur das Haushalts-

Der württembergische Zentrumsabgeordnete und spätere Staatssekretär Matthias Erzberger hielt am 6. Juli 1917 eine vielbeachtete Rede im Reichstag.

recht zu – und griff direkt in die Außenpolitik ein, ein Privileg, das nur dem Reichskanzler und dem Kaiser vorbehalten war. Das Primat der Politik war durch die Einsetzung der Dritten Obersten Heeresleitung 1916 ins Hintertreffen geraten. Nun zeigte diese Resolution, welche Rolle der Reichstag und die gewählten Abgeordneten spielen wollten. Die besondere Tragik der Friedensresolution bleibt, dass diese ausgestreckte Hand der Legislative von den Alliierten zwar höflich zur Kenntnis genommen wurde, aber zu keiner Aufnahme von Friedensverhandlungen führte. Schuld daran war auch die Tatsache, dass der neue Reichskanzler die Friedensresolution versanden ließ und wichtige Stützen des politischen Systems wie der Kaiser und die Regierung sich nicht der Resolution anschlossen.

Die zentrale Figur dieser Rückeroberung der politischen Freiheit und des Handelns des Reichstages war ohne Zweifel Matthias Erzberger. Als mittlerweile führender und einflussreicher Kopf der Zentrumsfraktion einte er nicht nur die Parteien im neu gegründeten interfraktionellen Ausschuss, sondern war auch am Sturz Bethmann Hollwegs beteiligt. Erzbergers Abwendung vom Kaiser vereinte kurzzeitig Reichstag und Oberste Heeresleitung, die durch den Kaiser die Demission Bethmann Hollwegs bewirkten.

Der Schwabe Matthias Erzberger war Volksschullehrer und Redakteur gewesen und hatte sich durch seine außerordentliche rednerische Begabung einen Sitz im Reichstag gesichert. Am Beginn des Krieges koordinierte Erzberger die deutsche Auslandsspionage und vereinheitlichte deren Aktivitäten. 1915 und 1916 wurde er auf Weisung des Reichstags in mehreren diplomatischen Aktionen eingesetzt. So sollte er einen Kriegseintritt Italiens auf der Seite der Alliierten vermeiden helfen und mit dem Osmanischen Reich eine Militärkonvention vorbereiten. Erzberger verfügte über ein eigenes Nachrichtenbüro und betrieb geschickt eine professionelle Pressearbeit. Als Katholik hatte er auch ausgezeichnete Beziehungen zum päpstlichen Nuntius in München, der gerne seinen Rat einholte und sich über die politische Konstellation im Reichstag durch den bestens informierten Mann berichten ließ.

Erzberger war es auch, der dem Nuntius im Sommer 1917 mitteilte, dass die Zeit für Friedensverhandlungen mit dem Reichstag günstig sei. Papst Benedikt XV. richtete am 1. August 1917 einen Friedensappell an die Welt und formulierte Verhandlungsbedingungen, nämlich den Verzicht auf Annexionen, die Wiederherstellung Belgiens und die Rückgabe der von den Deutschen besetzten französischen Gebiete, um so einen Frieden ohne Sieger und Besiegte abzuschließen. Im Juli 1917 schien es nach der Friedensresolution des Reichstags kurze Zeit möglich, auf der von Erzberger vorgeschlagenen Grundlage Friedensverhandlungen zu beginnen. Doch im Herbst 1917 hatten sich die Mehrheiten bereits wieder verändert. Die »Falken« hatten sich im September und Oktober wieder durchgesetzt, die Interessen aller kriegführenden Parteien waren wieder auf die Fortsetzung des Krieges gerichtet. Durch die unnachgiebige Haltung der Alliierten und der teils konfusen Politik der Mittelmächte – die Gegenseite wusste nie genau, mit wem sie nun verhandeln sollte – war die Chance zum Verständigungsfrieden vertan worden. Die Friedensresolution des Reichstages und der Friedensappell des Papstes waren zur Kenntnis genommen worden, Auswirkungen auf Politik und Militärführung hatten sie keine.

Der Kriegseintritt der USA und die Russischen Revolutionen

Der Präsident der Vereinigten Staaten, Woodrow Wilson, war ein überzeugter Pazifist, der seinen Wahlkampf 1916 darauf ausgerichtet hatte, dass Amerika nicht in den Krieg Europas eingreifen werde. Die langfristigen Interessen der USA, der Beistand für das befreundete England, der Aufstieg der USA zur Weltmacht und die Sicherung der vergebenen Kriegskredite zwangen Wilson jedoch zu einem Umdenken. Um die amerikanische Bevölkerung aber von einem Kriegseintritt zu überzeugen, benötigte Wilson ein klares, entscheidendes Ereignis, das zu einem öffentlichen Stimmungsumschwung in den USA führen würde.

Dieses lieferte ihm die deutsche Kriegsführung, die darauf drängte, die deutschen U-Boote nicht nur militärisch wichtige Schiffe, sondern alle alliierten Schiffe, die Tonnage für England geladen hatten, angreifen und wenn möglich versenken zu lassen. Völkerrechtlich war der Seekrieg nicht geregelt, ein Beschuss von Passagierschiffen war rechtlich möglich, ohne als Kriegsverbrechen eingestuft zu werden. Dass auch die amerikanische Regierung diesen Sachverhalt so sah, belegt, dass nach der Versenkung des Passagierschiffs Lusitania und einiger anderer zwar diplomatische Noten ausgetauscht worden waren, aber ein Kriegseintritt nicht relevant erschien. Die Alliierten hatten ebenso zivile Schiffe und sogar ein österreichisches Lazarettschiff ohne Vorwarnung versenkt; diese »Kollateralschäden« wurden gegenseitig in Kauf genommen.

In Baden und Württemberg war der Seekrieg weit entfernt. Württemberger und Badener taten selbstverständlich auch in der kaiserlichen Marine ihren Dienst, doch bildeten sie weder eine eigene einheitliche Gruppe noch waren sie an Planung und Durchführung des Seekrieges beteiligt.

Durch die Entscheidung am 9. Januar 1917, den uneingeschränkten U-Boot-Krieg zum 1. Februar zu erklären, also auf »alles, was schwimmt« zu schießen, lieferte Bethmann Hollweg Wilson den Anlass zum Kriegseintritt der USA. Erklärt wurde der Krieg schließlich am 6. April 1917, amerikanische Truppen kämpften aber erst ab dem Herbst an der Westfront und in Italien. So waren es dann auch weniger die nach Europa entsandten Soldaten, sondern vielmehr die wirtschaftliche Stärke und Macht Amerikas, die eine Aufgabe Englands oder Frankreichs verhinderte.

Die Oberste Heeresleitung wurde durch den Kriegseintritt der USA zwar beunruhigt, aber als kriegsentscheidend fasste sie diesen Schritt der USA nicht auf, denn der Krieg an der Ostfront schien mit dem Ausbruch der Russischen Revolution im März 1917 gewonnen.

Die einschneidendsten politischen Ereignisse 1917 waren die »Februar-« und »Oktoberrevolution« in Russland, die nach europäischem Kalender im März und November 1917 stattfanden. Die russische Bevölkerung litt ebenso wie die der Mittelmächte unter Hunger. Politische Mitspracherechte hatten die Wenigsten, zudem fehlte es an einer zentralen, nationalen Einigungsbewegung, wie sie es in Deutschland mit der Burgfriedenspolitik gab. Auch fehlte es an der deeskalierenden Strategie von (Kommunal-)Politik, Militär und Wirtschaft. Diese Unruhen in der Bevölkerung konnten durch Politik und Militär im Frühjahr 1917 nicht mehr unterdrückt werden. In Sankt Petersburg wurden Streiks ausgerufen. Die Regierung konnte dieser Bewegung nicht mehr Herr werden, nachdem die Volksvertretung, die Duma, mit den Aufständischen sympathisierte und die ersten Regimenter übergelaufen waren und gemeinsam mit den Arbeitern nach kommunisti-

schem Vorbild Arbeiter- und Soldatenräte gegründet hatten. Der Zar dankte in der Folge ab, demokratische Reformen schienen nun möglich, eine liberal-demokratische Regierung konstituierte sich. Allerdings konnte kein tragfähiger Kompromiss über die zukünftige Machtverteilung gefunden werden, so dass in der Oktoberrevolution die Kommunisten schließlich die Macht übernahmen.

Nach dem Ausscheiden Russlands als kriegsführende Partei kam es an der Ostfront zu Verbrüderungsszenen zwischen deutschen und russischen Soldaten.

Die revolutionären Wirren in Russland schwächten die russische Armee, so dass die Kampfhandlungen an der Ostfront 1917 merklich zurückgingen und schließlich am 15. Dezember ein Waffenstillstand verkündet wurde.

Der deutsche Generalstab nutzte die Entwicklung, um bereits im Sommer und Herbst 1917 Truppen von der Ostfront zurück an die Westfront zu verlegen. Daher fanden sich Ende 1917 viele württembergische und badische Soldaten wieder an die Westfront zurückversetzt. Mit dem Frieden von Brest-Litowsk vom 3. März 1918 schied Russland aus dem Ersten Weltkrieg aus.

Die Lage an den Fronten 1917

Die österreichisch-italienische Front

Der Krieg zwischen Italien und Österreich tobte in den Alpen bereits seit 1915. Die deutschen Truppen – das Alpenkorps, darunter das Württembergische Gebirgsbataillon – griffen aber erst nach der offiziellen Kriegserklärung Italiens an Deutschland 1916 gemeinsam mit den Österreichern die italienischen Linien an.

Beginnend mit der Schlacht bei Karfreit rückte das Württembergische Gebirgsbataillon erst den Isonzo entlang, dann auf die Höhe 1114 zu. Im Laufe der Schlacht konnten die Berge Kuk, Mrzli vrh und schließlich der Monte Matajur erobert werden. Durch dieses Vorrücken wurden die italienischen Truppen aufgehalten, die das österreichische Triest einnehmen wollten. Von langer Dauer war der Sieg aber nicht. Der Kampf am Isonzo ging unvermindert weiter, ohne dass eine Seite sich einen Vorteil erarbeiten konnte.

Soldaten des Alpenkorps im Gebirgskampf.

Die deutschen Kolonien

Die deutschen Kolonien spielten während des Ersten Weltkrieges kaum eine Rolle. Zu unbedeutend waren die Rohstoffe und Nahrungsmittel, die von dort hätten bezogen werden können. Nur der Kriegsschauplatz in Ostafrika entwickelte einige Bedeutung, als gegen englische Truppen Erfolge errungen werden konnten. Dem kommandierenden General Paul von Lettow-Vorbeck, der zuvor in Deutsch-Südwest gekämpft hatte, gelang 1916 zwar noch in der Schlacht bei Mahiwa ein Erfolg gegen die englischen Truppen, geschwächt und kaum mehr kampffähig musste sich Lettow-Vorbeck mit seinen verbliebenen Truppen Ende November 1917 aber aus Deutsch-Ostafrika zurückziehen. Die Kolonien auf dem afrikanischen Kontinent waren damit endgültig verloren. Auch die übrigen deutschen Kolonien konnten sich kaum verteidigen und wurden rasch aufgegeben. So wurden zum Beispiel die Schiffsgeschütze der Verteidigungsstellung im chinesischen Koloniegebiet Tsingtau außer Gefecht gesetzt.

Einer dieser dort stationierten Beamten war der Garnisonsverwaltungsinspektor Johannes Kuhn aus Schwäbisch Gmünd, der bereits 1913 nach Tsingtau kam und dort den Ersten Weltkrieg erlebte. Bis auf die kurze Schlacht um Tsingtau waren die Auswirkungen des Ersten Weltkrieges aber dort sehr überschaubar. Hochwasser und der Kontakt zur lokalen Bevölkerung werden in seinen Briefen häufig beschrieben, Kampfhandlungen zum Ersten Weltkrieg hingegen tauchen gar nicht auf. Während des Krieges mussten die stationierten Kolonialbeamten wohl oder übel abwarten, bis sie nach dem Ende des Krieges wieder in die Heimat zurückkehren konnten und in manchen Fällen auch mussten. Im Frieden von Versailles wurde dann nur noch das Offensichtliche bestätigt, der »Platz an der Sonne«, den Wilhelm II. erkämpfen wollte, musste aufgegeben werden.

Die Westfront

Die Vorstöße der deutschen Truppen gegen die französischen Stellungen 1916 waren weitgehend erfolglos geblieben. Die Front wand sich als mäanderndes Band durch den französischen Norden. Dieses Band war schwer zu verteidigen, daher plante die Oberste Heeresleitung im Herbst 1916, die deutschen Stellungen zu begradigen und die Front in Teilen zurückzunehmen. Diese sogenannte »Siegfried-Stellung«, auch als Hindenburglinie bekannt, sollte es einfacher machen, die Front zu verteidigen. Diese Rücknahme, die zwischen dem 22. Februar und dem 17. März 1917 erfolgte, konnte auch als Rückzug gedeutet werden, was insbesondere in der Heimat und bei den Mannschaften an der Front diskutiert wurde.

Der Glaube an einen endgültigen Sieg musste nun aufgegeben werden, auch wenn die letzte Hoffnung auf Gott und den Retter Hindenburg im Frühjahr 1917 noch kurz tragen sollte, so schrieb ein Bekannter Eugen Spehs: »Großes geht in diesen Tagen an d[er] W[est]front vor, Gott der Herr wolle unserem gr[oßen] Hindenburg Weisheit und Verstand die Fülle geben und uns durch ihn zum Siege führen.«[96] Allenfalls die Aufnahme von Verhandlungen über einen Waffenstillstand bzw. einen Friedensvertrag hätte noch eine Lösung geboten, doch scheiterten diese im Laufe des Jahres 1917.

Luftaufnahme der sogenannten Hindenburglinie bei Bullecourt.

Auch die »Siegfried-Stellung« bot keinen ausreichenden Schutz vor den alliierten Angriffen. In der Frühjahrsschlacht bei Arras drangen britische Truppen gegen die deutsche 6. Armee vor und warfen diese zurück, ein Durchbruch konnte allerdings verhindert werden. In der folgenden Doppelschlacht an der Aisne vom 6. April bis zum 27. Mai gelang es den deutschen Truppen, den französischen Durchbruchversuch zu vereiteln.

An diesen Schlachten beteiligten sich fast alle badischen aktiven Regimenter sowie der Generalstab des XIV. Armeekorps. Die neu aufgestellten badischen Infanterieregimenter Nr. 469 und Nr. 470 sowie die Regimenter Nr. 114 und Nr. 185 wurden schließlich in der vom 21. Mai bis 6. November dauernden Flandernschlacht eingesetzt. Ebenso beteiligten sich die Württemberger, das XIII. (königlich-württembergische) Armeekorps, unterstützt von den Gebirgstruppen, zunächst an der Arrasschlacht, um dann an verschiedenen Frontabschnitten der Flandernschlachten zum Einsatz zu kommen. Die 2. Landwehrdivision, ein Verband der württembergischen Armee, wechselte im Herbst 1917 vom Cheppy-Wald in die Argonnen und hatte dort vornehmlich Sicherungsaufgaben zu übernehmen. Die 26. Kavalleriebrigade, ebenfalls ein Regiment des württembergischen Armeekorps, unterstützt von Landwehrregimentern, hielt zusammen mit dem XIV. Reservearmeekorps ihre Stellungen im Oberelsass nahe Colmar.

Bei Ypern gelang den alliierten Truppen im Sommer 1917 ein Einbruch in die deutsche Front, die Vorwärtsbewegung der Alliierten wurde unter immensen Opfern gestoppt. Auch bei Verdun (20. August), unter Einsatz der aus der Flandernschlacht abgezogenen Einheiten der badischen 28. und 29. Infanteriedivision sowie der badischen 28. Reservedivision, bei Laffaux (25. Oktober), am wichtigen »Chemin des Dames« (1. November) und in der Panzerschlacht von Cambrai (20. November bis 7. Dezember), an der sich die badische 240. Infanteriedivision sowie die Sturmtruppen der badischen 28. Infanteriedivision sowie das Generalkommando des XIV. Armeekorps, das Baden zugeordnet war, beteiligten, konnten die Alliierten zwar die Linien durchbrechen,

Vom Krieg völlig zerstörte Landschaft bei Ypern.

ihre Operationsziele aber nicht erreichen, weil die deutschen Truppen die Einbrüche stoppen konnten. Die deutschen Truppen der Ostfront standen für den westlichen Kriegsschauplatz noch nicht vollumfänglich zur Verfügung.

Die Ostfront

An der Ostfront fanden 1917 keine größeren Schlachten mehr statt – abgesehen von der Kerenski-Offensive, die aber gestoppt werden konnte. Durch die Februarrevolution waren die russischen Truppen nicht mehr einsatzbereit. Militärisch wäre eine Fortführung des Krieges durchaus möglich gewesen, doch die politische Lage ließ dies nicht zu. Die russische Regierung misstraute zum einen den zaristischen Frontsoldaten, andererseits benötigte sie militärische Kompetenz, um im russischen Bürgerkrieg bestehen zu können. Da die Einschätzung der Obersten Heeresleitung noch immer eine von den russischen Truppen ausgehende Bedrohung der deutschen Stellungen ausmachte, beließ sie die meisten deutschen Truppen 1917 in ihren Stellungen an der Ostfront; nach der Verlegung der aktiven Truppen im Winter 1917 und Frühjahr 1918 an die Westfront sollte ein letzter Großangriff den Krieg entscheiden.

Eine andere Bedrohung bot die osmanische Armee, die, von britischen Truppen unterstützt, die Südostfront zu durchbrechen versuchte; Gleiches unternahm die Saloniki-Armee an der Front in Mazedonien, erfolgreich waren diese Versuche freilich nicht.

Am 9. November 1918 strömte eine revolutionär gestimmte Menschenmenge in Stuttgart zur Großen Infanteriekaserne (Rotebühlkaserne), um sich mit Waffen zu versorgen.

1918 – Verzweifelte Hoffnung, Revolution und das Ende

»Meine Person [soll] niemals ein Hindernis sein für die freie Entwicklung der Verhältnisse des Landes und dessen Wohlergehen.«
(Wilhelm II. von Württemberg)

Der Beginn des Jahres stand ganz im Zeichen der geplanten Frühjahrsoffensive. Die Oberste Heeresleitung hoffte, mit den von der Ostfront abzuziehenden Truppen eine zahlenmäßige Überlegenheit an der Westfront zu erreichen – insgesamt 42 Infanteriedivisionen aus dem Osten und von der Isonzofront wurden an die Westfront verlegt –, um so einen entscheidenden Durchbruch gegen die französisch-britischen Verbände zu erzielen. Wäre Frankreich besiegt, entfiele auch der Kriegsgrund mit England und Amerika. Die übrigen Alliierten, so die Hoffnung, würden dann in einem Dominoeffekt nacheinander aus dem Krieg ausscheiden und den Weg zu einem Verständigungsfrieden freimachen. Eine letzte, große Anstrengung sollte es werden, die alle Kräfte mobilisierte – was allerdings nach einem gescheiterten Durchbruchsversuch militärisch und politisch geschehen sollte, wurde weder in Erwägung gezogen noch auch nur angedacht.

Von der Frühjahrsoffensive zum Zusammenbruch

Begonnen werden sollte die Offensive zwischen Arras und La Fère, während an den anderen Frontabschnitten Täuschungsmanöver durchgeführt werden sollten. Am 21. März 1918 begann der Durchbruchsversuch, das »Unternehmen Michael«, mit starkem Artilleriefeuer. Die deutschen Truppen konnten tatsächlich in das britische Grabensystem eindringen und in den folgenden Tagen insgesamt rund 20 Kilometer tief in die von den Briten gehaltenen Frontabschnitte vorrücken. Allerdings gelang es der deutschen Offensive nicht, die beiden

Deutscher Sturmwagen im Frühjahr 1918 in Roye an der Westfront.

britischen Armeen zu schlagen und den Nachschubweg der Alliierten zu zerstören. Die zweite nachfolgende Offensive, der »Georg-Angriff« im April, brachte ebenfalls keine Entscheidung. Dagegen überdehnte die Oberste Heeresleitung die eigenen Nachschubwege und unterschätzte, wie erschöpft die eigenen Truppen waren. Zwar hatte sich durch den Angriff die taktische Lage zugunsten der deutschen Truppen verändert, strategisch aber war nichts gewonnen, so dass die Oberste Heeresleitung zum 25. April den Durchbruchsversuch einstellte.

Im Mai 1918 sammelte die Oberste Heeresleitung weiterhin Truppen und gewährte Ruhe, um einen neuen Angriff planen zu können. Durch die Offensive zwischen Soissons und Reims konnten die britischen Truppen zunächst überrascht werden, so nahmen die deutschen Truppen den bedeutenden »Chemin des Dames« ein, der seit 1914 hart umkämpft gewesen war. In der Folge stießen die deutschen Truppen bis an die Marne vor und standen weniger als hundert Kilometer vor Paris. Nur ließ

Frühjahrsoffensive: Die 1918 zerstörte französische Stadt Soissons.

sich die Situation für die Oberste Heeresleitung nicht nutzen, da kaum mehr Reservekräfte vorhanden waren.

Auch die vierte Offensive in der ersten Junihälfte scheiterte aufgrund von fehlenden Kräften. Beide Seiten hatten seit der ersten Offensive im März mehr als eine halbe Million Soldaten verloren. Diese Verluste waren nicht mehr zu ersetzen, zumal nun amerikanische Verbände die alliierten Truppen unterstützten. An allen Schlachten waren badische und württembergische Truppen beteiligt, in den Angriffsdivisionen dienten die badischen 28., 29. und 52. Divisionen, während die Reservedivisionen die Front stabilisieren sollten.

Es ist kaum zu verstehen, warum Oberste Heeresleitung, Kaiser und Reichskanzler an diesem Schlachten festhielten, obwohl kaum eine Chance auf einen Sieg bestand, ohne dass man sich die psychologische Situation vergegenwärtigt. Über die vergangenen vier Jahre waren die Militärs und auch die Soldaten gewohnt, enorme Opferzahlen zu akzeptieren. Gegen jede Wahrscheinlichkeit hatte das Deutsche Reich vier Jahre Weltkrieg führen können, ohne dass alliierte Truppen deutsches Territorium erreicht hätten. Die Bevölkerung war zwar kriegsmüde, aber teilte die Einschätzung der deutschen Eliten, dass es sich beim Weltkrieg um einen »Vertei-

digungskrieg« handelte, den man aufgrund der politischen Konstellation zu führen gezwungen war. Entscheidend war zudem, dass sich die politische und die militärische Führung nichts anderes vorstellen konnten, als mit der Frühjahrsoffensive den Weltkrieg für Deutschland zu entscheiden bzw. zumindest glaubwürdige Friedensverhandlungen durchsetzen zu können. Nur so erklärt sich, dass in vielen Tagebüchern durch die ganzen fünf Jahre Weltkrieg immer wieder ein Eintrag zu finden ist: »In drei Wochen werden wir endlich gesiegt haben!«

Doch die Realität orientierte sich nicht an den Wünschen der Militärs. Auch die fünfte Offensive an der Marne und der Champagne am 15. und 17. Juli 1918 brachte keine Entscheidung.

Die deutschen Soldaten waren nach diesen außerordentlichen Anstrengungen erschöpft, die Reserven kaum mehr vorhanden und Nachschub nicht mehr möglich. So schrieb der Rottweiler Eugen Speh: »Wenn nicht alle Zeichen trügen, muß es heuer auch Frieden geben, aber was für einen – das ist eine andere Frage. Es dürften noch schlimmere Zeiten kommen, wenn nur schon darüber hinweg.«[97] Und wenig später bereits mit sorgenvollem Unterton: »Bei Noyon gabs scheints für den Michel schon wieder eine Schlappe, es ist nun bald Zeit zum Schluß sonst geht noch alles schief.«[98]

In dieser Situation der geistigen und körperlichen Erschöpfung begann am 18. Juli der französische Gegenangriff in der Schlacht von Soissons, am 8. August wurde die Offensive bei Amiens eröffnet. Die deutschen Truppen, darunter auch die in den letzten zwei Jahren erheblich geforderten badischen 28. und 29. Infanteriedivisionen, erlebten dort ihren »schwarzen Tag«. Gegen die mittlerweile einsatzfähigen und technisch verbesserten Panzer konnten die deutschen Truppen nichts ausrichten. Die alliierten Truppen eroberten das seit dem Frühjahr verloren gegangene Gebiet bis zum September zurück. Alle badischen Truppen wurden an den westlichen Frontabschnitten eingesetzt, so auch die Infanterieregimenter Nr. 114 und Nr. 185, die Nr. 52 und die 240. Infanteriedivision, das Generalkommando des XIV. Armeekorps, die 28. und die 75. Reservedivision.

Der Obersten Heeresleitung blieb nichts anderes übrig, als schließlich sogar die »Siegfriedstellung« aufzugeben und sich auf die Linie Elsass-Lothringen, Sedan, Maubeuge, Gent, Ypern, die Antwerpen-Maas-Stellung, zurückzuziehen.

Auch im Süden waren die Würfel gefallen: Die deutschen Truppen auf dem Balkan waren im Frühjahr zur großen Frankreichoffensive abgezogen worden, so dass die Alliierten einzelne Erfolge erzielen konnten. Als kriegsentscheidend allerdings sollte sich erweisen, dass die alliierten Truppen an der Mazedonienfront ab dem 15. September eine Offensive starteten, die die deutsch-österreichische Front durchbrach. Damit stand der Weg nach Bulgarien offen, weil weder deutsche noch österreichische Truppen zur Verteidigung Bulgariens zur Verfügung standen. Mit dem Überschreiten der bulgarischen Grenze ereignete sich in Bulgarien selbst eine demokratische Revolution, in deren Gefolge am 29. September offiziell um Waffenstillstand nachgesucht wurde. Mit dem Ausscheiden Bulgariens stand nun den alliierten Truppen der Weg nach Wien offen. Ohne größeren Widerstand hätten die Alliierten an die habsburgische Grenze vorrücken und die kriegswichtige Versorgung mit rumänischem Erdöl und den

Nachschub in und aus dem Osmanischen Reich unterbinden können. Einzelne Gefechte an strategischen Punkten wurden im September und Oktober noch ausgefochten, hatten aber keine Relevanz mehr.

Die österreichischen Offensiven gegen die starken italienischen Verbände scheiterten, da diese besser ausgerüstet und zahlenmäßig überlegen waren. Ab dem 24. Oktober war der österreichische Widerstand gebrochen, die Front zerfiel zunehmend, nicht nur die nationalen Einheiten der Ungarn und Tschechen, auch die Elitetruppe der Kaiserjäger meuterten und desertierten, so dass die österreichische Armeeführung an Hindenburg melden musste: »Truppen ohne Unterschied der Nationalität von über 30 Divisionen weigern sich, weiter zu kämpfen! [...] Kommandanten sind machtlos. [...] Zuführen von Reserven oder Ablösung ausgeschlossen. [...] Lebensmittelzufuhr versagt. [...] Lage im Hinterland verworren und trostlos. [...] Kommission versucht Verbindung mit italienischer Heeresleitung, um über Waffenstillstand zu verhandeln.«[99]

Erzberger im Wald von Compiègne

Nach dem Scheitern der Frühjahrsoffensive an der Westfront und dem Zusammenbruch an der südlichen und der südöstlichen Front sah die Militärführung um den 1916 zum Generalquartiermeister aufgestiegenen Erich Ludendorff am 29. September 1918 keine Chance mehr, den Weltkrieg entscheiden zu können. Es entwickelten sich hektische Aktivitäten. Die führenden Militärs wollten auf keinen Fall die »Schuld« für die Kriegsniederlage übernehmen. Inständig bedrängten die Mitglieder des Großen Generalstabes den Reichskanzler und die Abgeordneten des Reichstages, sie müssten nun unbedingt einen »bedingungslosen Frieden« schließen und um einem schnellen Waffenstillstand bitten. Falls dies nicht geschähe, zerbräche die Front und Deutschland würde unkontrolliert von alliierten Truppen besetzt, die deutschen Truppen könn-

Die geschlagenen Soldaten kehren aus dem Krieg zurück: Das Reserveinfanterieregiment Nr. 119 auf dem Stuttgarter Marktplatz.

ten bewaffnet in die Heimat zurückkehren und allgemeines Chaos bis hin zum Bürgerkrieg könnte ausbrechen. Dass Ludendorff seine Meinung im Oktober änderte und nun wieder den »bedingungslosen Kampf« forderte, stoppte die Friedensinitiative nicht mehr – zu offensichtlich war die Kriegsniederlage; am 26. Oktober erfolgte seine Entlassung. Versuche des Reichskanzlers, den amerikanischen Präsidenten Wilson als Friedensvermittler zu gewinnen und seine Vorschläge aus dem vergangenen Jahr erneut aufzugreifen, blieben erfolglos.

Im Oktober musste Reichskanzler Georg Hertling abtreten und Prinz Max von Baden Platz machen. Der Machtwechsel war notwendig geworden, weil der Reichskanzler Hertling strikter Gegner der Parlamentarisierung war und die Alliierten nur eine neu gebildete Regierung akzeptieren wollten, in der Abgeordnete des Parlaments vertreten waren. Die Alliierten legten nach dem Machtwechsel fest, dass Anfang November im Wald von Compiègne über den Waffenstillstand verhandelt werden sollte.

In Deutschland war umstritten, wer dieser Friedensdelegation angehören sollte, denn es war klar, dass die alliierten Friedensbedingungen im Grund kaum zu akzeptieren waren und in der öffentlichen Meinung verheerende Wirkung erzielen würden. Es war absehbar, dass die Delegationsmitglieder offen angegriffen und für die Kriegsniederlage mitverantwortlich gemacht werden würden. Dies zeigt zum Beispiel eine Äußerung in der »Evangelischen Kirchenzeitung« vom 20. Oktober: »Zusammenbruch hinter der Front – nicht Zusammenbruch unserer Heldenfront. Das ist das erschütternde Ereignis der letzten Tage. [...] Die Heimat hat nicht durchgehalten.«[100] Dass die Kriegsniederlage jedem offensichtlich war, zeigen jedoch Tagebucheinträge, so zum Beispiel von badischen und württembergischen Unternehmern, die sich bereits Ende September 1918 auf eine Friedenswirtschaft einzustellen begannen.

Doch die Zeitungen und Meinungsmacher würden sich kaum mit rationalen Argumenten zufriedengeben. Die militärische Führung zog deshalb alle Register, um nicht in der Friedensdelegation vertreten zu sein. Dazu nutzten sie die Friedensresolution des Reichstages von 1917, in der die Parlamentarisierung der Außenpolitik eingefordert wurde, und trugen nun genau dies den Reichstagsabgeordneten an.

Für seine Waffenstillstandsverhandlungen im Wald von Compiègne am 11. November 1918 bezahlte Matthias Erzberger mit dem Leben.

Noch immer in der politischen Meinung führend war der Württemberger Matthias Erzberger, der nun Mitglied der neuen Reichsregierung war. Leiter der Friedensdelegation sollte zunächst der württembergische Reichstagsabgeordnete Conrad Haußmann werden, der aber aufgrund innenpolitischer Probleme nicht zur Verfügung stand. Prinz Max von Baden, der neue Reichskanzler, ernannte daraufhin Matthias Erzberger zum Delegationsleiter und schickte ihn am 6. November in den Wald von Compiègne mit strikter Anweisung, jeden angebotenen Frieden anzunehmen. Bis zum 11. November hatte die deutsche Delegation Zeit, die Bedingungen des Waffenstillstands anzunehmen, das hieß vor allem Rückzug aller deutschen Truppen aus den nach dem 1. August 1914 besetzten Gebieten, aus Elsass-Lothringen, die Nichtigerklärung der zuvor geschlossenen Waffenstillstands- und Friedensverträge sowie die Auslieferung von Waffen und Transportmitteln.

Erzberger tat zwar, was er konnte, um die Waffenstillstandsbedingungen zu Gunsten Deutschlands zu verändern, doch ließen die Alliierten bis auf wenige kleine Korrekturen keine Änderungen an den Bedingungen zu. Mit seiner Unterschrift unter den Waffenstillstandsvertrag beendete Erzberger den Ersten Weltkrieg – und besiegelte mit diesem Füllfederstrich seinen eigenen Tod. 1921 wurde er von der rechtsextremen Gruppe Freikorps Consul bei Bad Griesbach im Schwarzwald ermordet, auch und nicht zuletzt weil er den Friedensvertrag unterzeichnet und den Weg für den »Schmachfrieden von Versailles« geebnet hatte.

Revolution in Württemberg und Baden

Schon während der Frühjahrsoffensive 1918 hatte sich die Stimmung in der Bevölkerung aufgeheizt. Das Vorbild der »doppelten« russischen Revolution beeinflusste vor allem das Handeln der Mitglieder der USPD und der KPD. Gleichzeitig hatte sich die Versorgung mit Nahrungsmitteln, die Lohn-Preis-

Am 9. November 1918 bildete sich in Ulm ein Arbeiter- und Soldatenrat. Das Bild zeigt Soldatenräte auf dem Ulmer Bahnhofsplatz.

Entwicklung sowie die militärische Lage im Frühling 1918 verschlechtert. Nicht mehr wegen höherer Löhne, sondern aus politischen Gründen wurden schon in der ersten Jahreshälfte in allen größeren Industriestädten wie Stuttgart, Ulm, Mannheim und Karlsruhe Streiks abgehalten. Ziel war die Verstaatlichung der Produktionsmittel oder deren genossenschaftliche Verwaltung, kurz, jeder wollte noch retten, was zu retten war, bevor der Krieg sein sicheres Ende finden würde.

Destabilisierend hatte sich auch die Rückkehr der Soldaten von der Ostfront ausgewirkt. Das Schicksal der Verwundeten und Versehrten zeigte sich nun noch deutlicher als in den Jahren davor in aller Öffentlichkeit, der Mangel an Männern – als Arbeitskräfte, Familienväter und Ernährer – war allenthalben spürbar. Allein 6 Prozent aller ins Feld gezogenen badischen Männer kehrten nicht in die Heimat zurück.

Parallel zur politisch-militärischen Entwicklung, die mit dem Zusammenbruch der österreichisch-italienischen Front begonnen hatte, erreichte die Stimmung in der deutschen Bevölkerung dann im Laufe des Jahres einen Tiefpunkt. Ein Funke sollte nun genügen, die explosive Stimmung zu zünden.

Der Anlass für den Beginn der Revolution in Deutschland war ein unüberlegter Befehl der Marineleitung Ende Oktober, der, trotz fehlender Erfolgsaussichten, das Auslaufen der deutschen Flotte anordnete. Bis auf wenige Schlachten war die deutsche Flotte während des Krieges in ihren Heimathäfen geblieben, zu offensichtlich war die Überlegenheit der englischen Flotte – allenfalls ein »Unentschieden« war im direkten Aufeinandertreffen zu erreichen.

Der Auslaufbefehl kam für die auf den Schiffen seit Jahren eingesperrten Mannschaften überraschend, die Fahrt in den Tod war für jeden erkennbar. Zwar wurde Admiral Reinhard Scheer durch Befehlsverweigerungen und Meuterei zur Rücknahme des Befehls gezwungen, allein es half nichts. Die Mannschaften verließen ihre Schiffe und beschlossen, nach der spontanen Aufstellung einer Forderungsliste nach Berlin zu marschieren, um dort mit ihren Vorstellungen Gehör zu finden.

Auch in Baden und Württemberg hatte sich der Ausbruch der Revolution zunächst dadurch angekündigt, dass sich die Arbeiter im Laufe des Jahres 1917 und 1918 radikalisiert hatten und ebenfalls mit politischen Forderungen hervorgetreten waren. Die russischen Revolutionen 1917 hatten ihr Übriges getan, um die Stimmung weiter anzuheizen. Initialzündung war aber dann die Aufnahme von Friedensverhandlungen mit den Alliierten. Man glaubte offenbar, dass das Bitten um Waffenstillstand nur eine Finte der Reichsregierung sein könne, um die Bevölkerung zu weitreichenden Zugeständnissen zu bewegen und so mittelfristig den Weltkrieg weiterzuführen. Denn der Abschluss des Waffenstillstandsvertrages bedeutete ja noch nicht das Ende des Weltkrieges. Eine Wiederaufnahme der Kämpfe nach Ablauf des Waffenstillstandes wäre rechtlich möglich gewesen – und Teile der Bevölkerung misstrauten den Verlautbarungen der Reichsregierung. Insbesondere die Sozialdemokratie, die USPD und die Kommunisten waren nicht überzeugt.

Schon am 5. November 1918 gründeten sich in Stuttgart die ersten Arbeiter- und Soldatenräte, die neben der eingesetzten Regierung politische Verantwortung übernehmen wollten. Während der folgenden Tage stieg der öffentliche

Druck sowohl auf den Großherzog von Baden als auch auf den König von Württemberg, die Forderungen des Volkes zu berücksichtigen, vor allem aber die Regierung umzubilden, sie zu parlamentarisieren und sozialdemokratische Minister sowohl der MSPD als auch der USPD einzusetzen.

Für die beiden südwestdeutschen Monarchen gab es nun nur noch zwei Möglichkeiten: Entweder die Unterdrückung der revolutionären Bewegung mit einem harten Durchgreifen des Militärs mit völlig ungewissen Aussichten oder die Abdankung als regierende Monarchen, um – wenn sich die Lage wieder beruhigen würde – einem Familienmitglied Platz zu machen.

Tatsächlich fand sich in Stuttgart am Morgen des 9. November die neu gebildete Regierung zur Vereidigung im Wilhelmspalais, dem Wohnsitz des Königs, ein. Gleichzeitig fand eine genehmigte Demonstration in der Innenstadt statt, die die Einführung der Republik forderte. Nun entschied sich Wilhelm II. – der schon im Oktober über seine Abdankung nachgedacht hatte –, der Revolution »nicht im Wege zu stehen«.

Die provisorische württembergische Regierung nach dem Sturz des Monarchen.

Diese Entscheidung bedeutete vor allem den Verzicht auf jegliche Waffengewalt gegenüber den Revolutionären und das Einsetzen des Militärs. Die Räte berieten sich und schlugen eine provisorische Regierung vor, die am Nachmittag die Regierungsgeschäfte übernahm und auch auf die verbliebenen württembergischen Truppen in Stuttgart zurückgreifen konnte. Am Abend reiste König Wilhelm unter dem Schutz der Arbeiter- und Soldatenräte in sein Jagdschloss Bebenhausen bei Tübingen. Die Abreise war zwar noch nicht der Thronverzicht, aber in einem Brief an Herzog Albrecht schrieb König Wilhelm am selben Tag: »Noch habe ich nicht abgedankt, aber wegjagen lasse ich mich nicht, vorher gehe ich freiwillig.«[101] Der schließlich erfolgte Thronverzicht beider Monarchen bezog sich daher nur auf ihre Person, aber nicht auf alle Mitglieder der beiden Häuser. Doch die Wiedererrichtung der Monarchie war ausgeschlossen, wie die folgenden Monate zeigen sollten. Versuche des Umsturzes und der Wiedererrichtung durch Freikorps verwirklichten sich nicht. Stattdessen wurden in Württemberg und Baden die Volksstaaten, die ersten Demokratien im deutschen Südwesten, die allgemein anerkannt und von längerer Dauer waren, eingerichtet.

In Baden überstand Großherzog Friedrich II. zwar den 9. November, der relativ ruhig blieb, am 10. November aber wurde unter Führung des Sozialdemokraten Anton Geiß ebenfalls eine provisorische Regierung gebildet, die die Amtsgeschäfte übernahm. Die Situation war weniger friedlich als in Stuttgart. Bewaffnete Räte verbreiteten Unsicherheit und Unruhe, die Friedrich II. dazu veranlassten, noch am 10. November Karlsruhe zu verlassen und sich auf Schloss Zwingenberg zurückzuziehen. Auch er ließ die Bildung der Provisorischen Regierung zu und entschied sich, nicht mit Waffengewalt gegen die eigene Bevölkerung vorzugehen. Am 22. November verzichtete er schließlich mit dem gleichen Wortlaut wie König Wilhelm II., dem Volk »nicht im Wege stehen zu wollen«, auf den Thron.

Friedrich II. hielt sich bis 1920 bei seinem Verwandten Graf Douglas auf Burg Langenstein im Hegau auf, übersie-

An das Württemberger Volk!

Wie ich schon erklärt, soll meine Person niemals ein Hindernis sein für die freie Entwicklung der Verhältnisse des Landes und dessen Wohlergehen.

Geleitet von diesem Gedanken lege ich mit dem heutigen Tage die Krone nieder.

Allen, die mir in 27 Jahren treu gedient oder mir sonst Gutes erwiesen haben, vor allem auch unseren heldenmütigen Truppen, die durch 4 Jahre schwersten Ringens mit größtem Opfermut den Feind vom Vaterlande ferngehalten haben, danke ich aus Herzensgrund, und erst mit meinem letzten Atemzuge wird meine Liebe zur teuren Heimat und ihrem Volke erlöschen.

Ich spreche hiebei zugleich im Namen meiner Gemahlin, die nur schweren Herzens ihre Arbeit zum Wohle der Armen und Kranken im bisherigen Umfang niederlegt.

Gott segne, behüte und schütze unser geliebtes Württemberg in alle Zukunft.

Dies ist mein Scheidegruß. Wilhelm.

Bebenhausen, 30. Novbr. 1918.

König Wilhelm II.
nachmaliger Herzog zu Württemberg
geb. 25. 2. 1848 — gest. 2. 10. 1921.

Der Text der Abdankungserklärung König Wilhelms II. von Württemberg vom 30. November 1918.

delte dann nach Freiburg und besuchte häufig zu Kuraufenthalten Baden-Baden und Badenweiler, wo er schließlich 1928 starb. Mit seinem Tod war Baden nach über einem halben Jahrhundert Kampf endlich Republik geworden.

Rund um den 9. November in Stuttgart und Karlsruhe werden immer wieder zahlreiche Anekdoten erzählt, zum Beispiel, dass die rote Fahne auf den Krongebäuden zwar gehisst, dann aber wieder heruntergeholt worden sei, dass die umgebildete Regierung am König festhalten wollte und die Bevölkerung nicht die Abdankung des Regenten wünschte. Dass Wilhelm Stuttgart so zürnte, dass er die Stadt nicht wieder besuchte und auch gebot, dass sein Leichenzug die Stuttgarter Gemarkung nicht betreten durfte. Gleichzeitig äußerte er aber an seinem Geburtstag im Februar 1919: »Der letzte vielleicht noch verbliebene Stachel des 9. November ist verwischt, und ich habe mich gänzlich mit dem Wechsel der Dinge abgefunden.«[102]

Diese Geschichten sind meist überinterpretierte oder gut erfundene Legenden. Denn am 9. November zählte nun weder der persönliche Wunsch noch die Vorstellung der beiden

Monarchen noch die des Volkes. Das politische System als Ganzes war durch den Weltkrieg so sehr in Mitleidenschaft gezogen worden, dass es sich in der zweiten Jahreshälfte 1918 zersetzte und am 9. November implodierte. Wie der Historiker Paul Sauer berichtet, brachte ein beteiligter Stuttgarter Spartakist dies mit dem prägenden Satz auf den Punkt: »'s ischt aber wegen dem Sischtem.«[103]

Die Zukunft war ungewiss, man konnte sich noch nichts vorstellen und doch war eines überdeutlich: Mit dem politischen Personal, den Strukturen des Staates, mit dem Kaiserreich als Ganzes konnte es so nicht mehr weitergehen. Aus diesem Grund war die deutsche Revolution von 1918 im Kern eine bürgerliche Revolution. Das liberale und konservative Bürgertum konnte die Strukturen des Staates nicht mehr aufrechterhalten und schützen. Dass es vor allem die links orientierten Parteien waren, die nun an die Macht kamen, war eher ein Symptom. Die Allianz zwischen Thron und Bürgertum war zerbrochen. Die Kontinuität der Verwaltung und der Pragmatismus der provisorischen Regierungen wirkten ausgleichend. Trotz der gewaltigen Umwälzungen in den ersten Jahren nach dem Ersten Weltkrieg beruhigte sich die revolutionäre Lage im Winter rasch.

Der Mann der Stunde: Max von Baden

Unbestritten hat ein Badener die Geschicke Deutschlands am Ende des Ersten Weltkrieges maßgeblich geprägt, Prinz Maximilian von Baden. Geboren 1867 in Baden-Baden, machte Prinz Max zunächst Karriere im preußischen Militär und wurde dann Vorsitzender der Ersten Kammer des Badischen Landtags. 1911 erhielt er seinen Abschied aus dem preußischen Militär, wurde aber 1914 als Kommandeur des XIV. Armeekorps reaktiviert. Allerdings dauerte diese Phase nicht lange. Schon im Oktober 1914 wurde er abgelöst und wieder in den Ruhestand versetzt. Den Krieg verbrachte er als Ehrenpräsident des Roten Kreuzes in Baden. Auch knüpfte er vielfältige politische Kontakte, galt er doch als liberaler Adeliger, der pragmatische Politik machen wollte. So lehnte Max von Baden die Wiederaufnahme des unbeschränkten U-Boot-Krieges ab und sprach sich für eine Parlamentarisierung der deutschen Politik aus.

Max von Baden konnte in seiner kurzen Zeit als Reichskanzler kaum mehr etwas bewegen. Als Adeliger stand er einem Frieden mit den Alliierten im Wege – dennoch schrieb er als Reichsverweser Geschichte.

Aufgrund dieser politischen Gedanken, die im Einklang mit der Mehrheit der Reichstagsparteien standen, und wegen seiner adeligen Herkunft schien Max von Baden im Herbst 1918 prädestiniert zu sein, den Posten des Reichskanzlers zu übernehmen. Als ehemaliger Militär kannte er die Belange der Armee und die mentale Verfasstheit der Obersten Heeresleitung, war politisch hinreichend liberal und durch seine weitgehende Nichtbeteiligung an den wichtigen politischen und militärischen Entscheidungen des Ersten Weltkriegs schien er allen relevanten politischen Lagern ein möglicher Kandidat. Als Nachfolger von Georg Hertling wurde Max von Baden am 3. Oktober zum Ministerpräsidenten Preußens und deutschen Reichskanzler ernannt, als die militärische Lage aussichtslos war und ihm nun nur noch die Abwicklung des Waffenstillstandsersuchens zufiel.

Als Adeliger hatte Max von Baden auf alliierter Seite allerdings einen schweren Stand, war doch eine Vorbedingung der amerikanischen Seite, dass Friedensverhandlungen mit einem Parlament zu führen seien. Daher übertrug Max von Baden das Recht, den Krieg zu erklären und Frieden zu schließen, auf das Parlament. Er forcierte und unterstützte die Entlassung Ludendorffs am 26. Oktober, unterbreitete am 3./4. Oktober das Angebot zum Waffenstillstand an Wilson, vor allem aber berief er noch am 3. Oktober eine parlamentarische Regierung, die nun nicht mehr vom Kaiser eingesetzt wurde, sondern vom Vertrauen des Reichstages abhängig war. Zudem beteiligte er mit Philipp Scheidemann und Gustav Bauer erstmals die bislang von der aktiven Regierungspolitik ausgeschlossenen Sozialdemokraten.

Ende Oktober und Anfang November war Max von Baden allerdings erkrankt und konnte seine Reformpolitik nicht weiter durchsetzen. Als sich aber die Lage um den 9. November herum zuspitzte, griff Max von Baden eigenmächtig zu einem drastischen Mittel: Er verkündete ohne Absprache den Rücktritt des deutschen Kaisers und Königs von Preußen. Des Weiteren übergab er nach dieser Erklärung die Regierungsgewalt dem Fraktionsführer der stärksten Reichstagsfraktion, dem Sozialdemokraten Friedrich Ebert, nachdem Philipp Scheidemann am gleichen Tag die Republik ausgerufen und in den Augen des Prinzen die Reichsverfassung ihre Gültigkeit verloren hatte. Mit diesem Paukenschlag ging Max von Baden in die Geschichte ein und verabschiedete sich gleichzeitig von der politischen Bühne. Als liberaler Reichstagskandidat stellte er sich nicht zur Verfügung, sondern zog sich nach Baden zurück.

Dort unterstützte er die Gründung des Internats Schloss Salem und führte nach dem Tode Friedrichs II. als ehemaliger Thronfolger und nunmehriger Chef des Hauses die familiären Geschäfte. Bereits 1929, nur wenige Monate nach dem Tod Friedrichs, starb Max von Baden in Konstanz.

Der formale Abschluss des Krieges

Der Waffenstillstandsvereinbarung vom 11. November 1918 musste nun ein Friedensvertrag mit den Alliierten folgen. Ähnlich wie nach den napoleonischen Verheerungen benötigte Europa einen zweiten Wiener Kongress, auf dem sich die Mächte austauschen, ihre Interessensphären festlegen und eine stabile Friedensordnung errichten sollten. Doch an einem solchen Arrangement bestand auf Seiten der Alliierten kaum Interesse. Vielmehr wollte man durch eine harte

Friedenspolitik dafür sorgen, dass Deutschland militärisch wie wirtschaftlich keine Rolle in Europa mehr spielen sollte. Daher diktierten die Alliierten die Bestimmungen des Friedens. Die deutsche Seite konnte zwar Einspruch erheben, musste aber im Grundsatz allen Artikeln des Friedensvertrages zustimmen.

Die Hauptartikel des Vertrages legten den territorialen Verlust von großen Teilen Ostpreußens, der Stadt Danzig, von Eupen-Malmedy und Elsass-Lothringen fest. Wirtschaftlich geschädigt wurde das Deutsche Reich durch die Übereignung

Die Unterzeichnung des Friedensvertrages von Versailles am 28. Juni 1919.

sämtlicher Rohstoffminen an Frankreich – bei einer eventuellen Rückübertragung nach 15 Jahren sollte Deutschland die Minen zurückkaufen –, die vorläufige Abtrennung des Ruhrgebiets und dessen internationale (französische) Verwaltung, durch umfangreiche Wiedergutmachungsleistungen (Reparationen) sowie der Bezahlung der Besatzungskosten der Alliierten. Militärisch wurde die Armee auf ein stehendes Heer von 100 000 Mann beschränkt, eine Luftwaffe durfte nicht unterhalten werden, die Marine durfte nur noch Schlachtschiffe mit maximal 10 000 Bruttoregistertonnen bauen. Besonders umstritten und in der deutschen Öffentlichkeit als unannehmbar eingestuft war der »Kriegsschuldparagraph«, nach dem Deutschland am Ausbruch des Ersten Weltkriegs allein schuld gewesen sei. Mit der Unterschrift akzeptierte die Verhandlungsdelegation auch diesen »unehrenhaften« Paragraphen, der bis heute immer wieder Gegenstand historischer Auseinandersetzungen ist.

Gezeichnet vom Krieg – Orden und Medaillen

Orden und Ehrenzeichen des Ersten Weltkrieges sind uns heute kaum noch bekannt. Ein Zeitgenosse konnte aber mit einem flüchtigen Blick auf die Ordensspange des Trägers die Dauer des Kriegsdienstes und die Einsatzorte erkennen. Daher dienten Orden und Ehrenzeichen der sozialen Verankerung von Personen wie akademische Titel oder berufliche Positionen. Vielfach finden sich heute noch auf Dachböden oder in Schubladen kleine Kartons mit Briefen aus dem Ersten Weltkrieg, und auch der eine oder andere Orden fristet dort sein Dasein. Tatsächlich verraten die Orden und Ehrenzeichen manches über den Blick der Zeitgenossen auf den Ersten Weltkrieg.

Orden unterscheiden sich von Ehrenzeichen dadurch, dass sie an eine Person verliehen werden, der Orden ist nummeriert und damit prinzipiell einzigartig. Häufig bestimmten Statuten über die Gründe der Verleihung. Außerdem sind Or-

Die württembergische silberne (links) und die goldene Militärverdienstmedaille (rechts). In der Mitte der württembergische Militärverdienstorden.

den in verschiedene, meist drei, manchmal auch fünf, Klassen eingeteilt. Die Ehrenzeichen hingegen stehen jedem zu, der, zum Beispiel im Weltkrieg, seinen Militärdienst getan hat. Diese Ehrenzeichen wurden nicht verliehen, sondern entweder von der Armee selbst verteilt oder einfach im Ordensgeschäft erworben.

Der höchste preußisch-deutsche Orden war der preußische Militärverdienstorden Pour le Mérite, den es auch in einer zivilen Variante für Wissenschaft und Kunst gab. Nach dem blauen Ordensband erhielt er in der Bevölkerung den Spottnamen Blauer Max. Dieser Orden war nur Wenigen vorbehalten, in Baden gab es am Ende des Ersten Weltkrieges nur 34 Ordensträger, in Württemberg waren es 28.

Gängiger war das Eiserne Kreuz, das in zwei Klassen seit den Befreiungskriegen verliehen wurde. Die zweite Klasse wurde an Mannschaften und Unteroffiziere, die erste Klasse meist an Offiziere vergeben. So erhielten im Ersten Weltkrieg rund 218 000 Personen das Eiserne Kreuz I. Klasse, während es im Deutsch-Französischen Krieg nur rund 1300 Personen gewesen waren.

Im Laufe des Ersten Weltkrieges wurde das Eiserne Kreuz II. Klasse fast schon inflationär verliehen, über 5 Millionen Verleihungen sind für den Ersten Weltkrieg feststellbar. Im Deutsch-Französischen Krieg waren es nur rund 50 000 Verleihungen.

In Baden und Württemberg waren die beiden Militärverdienstorden die höchsten Auszeichnungen, in Württemberg war es ein am goldenen Band mit schwarzen Streifen getragener Orden mit der umlaufenden Umschrift »Furchtlos und Treu«. Der badische Militär-Karl-Friedrich-Verdienstorden wurde am goldenen Band mit rotem breiten Mittelstreifen getragen, der Orden selbst zeigt die verschlungenen Initialen CF und ein weiß-emailliertes Malteserkreuz mit Lorbeerkranz. Da beide Orden nur an Offiziere verliehen wurden, stifteten beide Regenten goldene und silberne Verdienstmedaillen. Die badischen Medaillen zeigen auf der Vorderseite einen Greifen mit badischem Schild sowie die Umschrift »Für Badens Ehre«, auf der Rückseite »Dem tapferen <Name>«. Die württembergische Variante zeigt auf der Vorderseite Wilhelm II. von Württemberg, auf der Rückseite die Schrift »Der Tapferkeit und Treue« (daher meist fälschlicherweise als Tapferkeitsmedaille bezeichnet).

An Medaillen gab es vor allem goldene, silberne und bronzene Abzeichen, je nach Dauer des Militärdienstes, sowie das häufig anzutreffende Ehrenkreuz für Kriegsteilnehmer, das allerdings erst 1934 durch Paul von Hindenburg gestiftet wurde.

Die häufigste Kombination, die sich bei gewöhnlichen Kriegsteilnehmern finden lässt, sind daher das Eiserne Kreuz II. Klasse, die silberne Militärverdienstmedaille Badens oder Württembergs sowie das Ehrenkreuz.

Was erzählen Orden und Ehrenzeichen nun? Zum einen verraten Orden und Ehrenzeichen, dass Anerkennung innerhalb des Militärs, das Dazugehören und das Zeigen der eigenen Kriegsteilnahme durch eine nonverbale, symbolische Kommunikation möglich ist. Man musste nicht betonen, gekämpft zu haben, sondern demonstrierte dies mit der geschmückten Brust. Gleichzeitig führte diese Form der Kommunikation zur Ausgrenzung all jener, die nicht über die entsprechenden und erwarteten Orden und Ehrenzeichen verfügten. Daher war es notwendig und wichtig, seine militärischen Leistungen über Orden und Ehrenzeichen anerkennen zu lassen. Streit entbrannte nicht selten zwischen denen, die Orden beanspruchten, und denen, die über die Verleihung wachten. Probleme entstanden, wenn unklar war, wem welcher Erfolg zuzurechnen war. Auch für die Mannschaften und Unteroffiziere waren die Ordensverleihungen wichtig, selbst wenn sie keine eigenen erhielten, färbten doch höchste Orden auf die Einheit ab, so diente man unter einem Pour-le-Mérite-Träger und nicht nur unter einem »gewöhnlichen« Offizier.

Ein berühmtes Beispiel für eine Ordensauseinandersetzung ist die von Erwin Rommel 1917, dem später durch die nationalsozialistische Propaganda zum legendären »Wüstenfuchs« Verklärten. Als risikofreudiger Frontoffizier errang er, auch aufgrund seines teils draufgängerischen Gehabes, einige Erfolge.

Öffentlich bekannt wurde Rommel durch die Erstürmung des Monte Matajur, einem Berg in den Julischen Alpen, während der 12. Isonzoschlacht, die erstmals mit einer großen Beteiligung deutscher Truppen ausgefochten wurde. Italien hatte erst Österreich und 1916 Deutschland den Krieg erklärt, das zunächst über keine Truppen verfügte, die Kämpfe im Hochgebirge durchführen konnten. Zwar wurde rasch das Deutsche Alpenkorps aufgebaut, doch waren die italienischen »Alpinisti« erheblich besser ausgebildet und bewaffnet. Während der Isonzoschlacht gelang es den deutschen Truppen, gegen die italienischen vorzugehen und einige Höhen und Gipfel zu besetzen.

Der wichtigste Gipfel war der Monte Matajur, der eine natürliche Grenze zwischen Österreich und Italien darstellte. Rommel gelang es, die italienischen Truppen zu umgehen und in ihrem Rücken zum Matajur aufzusteigen. Dabei nahmen seine Soldaten mehrere Kompanien italienischer Soldaten gefangen, die sich wohl auch aufgrund des überraschenden Auftauchens des Feindes rasch freiwillig ergaben und den Weg zum Gipfel freimachten. Rommel erstürmte mit seinen

Männern so den Gipfel des Monte Matajur, was dem Bataillon im Tagesbefehl eine lobende Erwähnung einbrachte.

Dabei ignorierte Rommel teils eindeutige Befehle, als er den von seinen Vorgesetzen befohlenen Rückzug nicht ausführte, sondern auf den Matajur vorstieß. So schrieb er in »Infanterie greift an«, einer militärstrategischen Abhandlung: »Soll ich den Kampf ebenfalls abbrechen und nach Cragoza abrücken? Nein! Der Bataillonsbefehl war in Unkenntnis der Kampflage auf den Südhängen des Matajur gegeben. Hier muß noch ganze Arbeit geleistet werden. Zwar kann ich mit weiterer Verstärkung in absehbarer Zeit nicht rechnen. Allein [...] jeder Württ[embergische] Gebirgsschütze wiegt 20 Italiener auf.«[104] Die Rommel unterstellten Mannschaften allerdings brachte ein solches Verhalten in große Gefahr.

Für die Erstürmung des Monte Matajur durch das Württembergische Gebirgsbataillon erhielt zunächst Kommandeur Major Sproesser den Pour le Mérite verliehen. Da aber Rommel den Gipfel mit seinen Soldaten selbst freigekämpft hatte, fühlte er sich hintangesetzt und beschwerte sich in den folgenden Wochen bei seinen Vorgesetzten so lange, bis er im Dezember 1917 den Orden nachträglich zugesprochen bekam.

Nicht zuletzt diese Auszeichnung und sein schon durch ihn selbst verbreiteter und verklärter Kampfesmut ebneten Rommel die Wege zu seiner Karriere im »Dritten Reich«.

Doch nicht nur die Soldaten der klassischen Waffengattungen erhielten den begehrten Orden, auch Piloten bekamen den Pour le Mérite verliehen. So erhielt Albert Dossenbach, ein badisches »Fliegerass«, den begehrten Orden.

Im Frühjahr 1914 war Dossenbach als Einjährig-Freiwilliger in die Armee eingetreten und zeichnete sich rasch nach Kriegsbeginn durch Wagemut und Draufgängertum aus. Nachdem er innerhalb eines Jahres bereits Unteroffizier geworden war und schon im September 1914 das Eiserne Kreuz I. Klasse erhalten hatte, meldete er sich freiwillig zur Fliegerausbildung; 1916 wurde er zum Leutnant befördert. An der Westfront erreichte er als Pilot 15 Abschüsse und erhielt dafür den Pour le Mérite. Dossenbach wurde

Das »Fliegerass« Albert Dossenbach vor seinem Flugzeug.

schließlich Chef eines Jagdgeschwaders und starb 1917, als sein Flugzeug in einem Luftkampf mit vier englischen Flugzeugen in der Nähe von Courtrai abstürzte.

Insgesamt erhielten 34 Badener und 28 Württemberger den Pour le Mérite für besondere militärische Leistungen.

Gewalt, Gräueltaten und Kriegsverbrechen

Gegenüberliegende Seite: Der Gaskrieg verstieß (noch) nicht gegen das Völkerrecht, da die Haager Landkriegsordnung ein Verbot noch nicht vorsah. Die rechtliche Ausdifferenzierung des Völkerrechts konnte mit der waffentechnischen Entwicklung nicht Schritt halten.

Neben dem Kriegsschuldparagrafen waren vor allem die Bestimmungen des Friedensvertrages zur Aburteilung deutscher Kriegsverbrecher in der Öffentlichkeit stark umstritten. Dass es während des Krieges zu schweren Vergehen und Verbrechen gekommen war, war zwischen Deutschland und den Alliierten unumstritten. Doch einig war sich die internationale Gemeinschaft nicht, welche Handlungen als Kriegsverbrechen zu gelten hatten bzw. ob es überhaupt einen Tatbestand des Kriegsverbrechens geben konnte.

Das Völkerrecht wurde zwar seit seiner »Erfindung« im 17. Jahrhundert zur Regelung der internationalen Beziehungen herangezogen, krankt aber daran, dass sich jeder Staat an das Völkerrecht halten muss, ohne (größere) Sanktionen fürchten zu müssen. Zudem ist es eigentlich ein rechtlicher Grundsatz, dass, um gegen ein Gesetz verstoßen zu können, dieses bereits vor der Tat existieren muss. Für die meisten von den Alliierten vorgebrachten Verbrechen, wie den Einsatz von Giftgas, den See- und den Luftkrieg, waren solche Abkommen schlicht nicht vorhanden bzw. in ihren Bestimmungen und Anwendungen so umstritten, dass eine Allgemeinverbindlichkeit nicht gegeben war. Während der Landkrieg in der Haager Landkriegsordnung 1907 in Grundsätzen geregelt worden war, galt solches im Seekrieg nicht. Man konnte sich vor dem Ersten Weltkrieg – auch und gerade wegen des Zauderns Englands – auf keine »Seekriegsordnung« einigen. Zwar galt ein gewisses Gewohnheitsrecht, dass nämlich die Besatzungen der zu versenkenden Schiffe vor der Eröffnung des Feuers in Kenntnis gesetzt werden mussten, um eine kampflose Übergabe zu ermöglichen. Ebenso sollten im Wasser treibende Personen gerettet werden. Das Völkerrecht sah aber gleichzeitig vor, dass bei Täuschung oder Gewaltanwendung, indem zum Beispiel Schiffe ohne Ankündigung beschossen, falsche Flaggen gesetzt oder Waffen geschmuggelt wurden, Gegenmaßnahmen ergriffen bzw. die Ankündigung des Angriffs unterlassen werden konnten.

Als Achillesferse des Völkerrechts erwies sich das Instrument der Repressalien. Dieses sah vor, dass wenn sich der Kriegsgegner nicht an die Bestimmungen des Kriegs- oder Völkerrechts hielt, man mit sich steigernden Vergeltungsmaßnahmen antworten konnte. Setzte der Gegner Kräfte ein, die keine Uniform trugen, so war das Aufstellen von Partisaneneinheiten möglich. Griffen Zivilpersonen reguläre Kräfte an, durften gegenüber der Zivilbevölkerung solche Repressalien ergriffen werden.

Die deutsche Seite hatte ohnehin eine eigene Rechtsauffassung. So glaubte die Reichsjustiz, dass nur solche Vergehen und Verbrechen zu bestrafen waren, die im deutschen Militärstrafgesetzbuch geregelt waren, denn anderes Recht existierte nicht in ausreichendem Maße. Handlungen wie der Einsatz von Giftgas und das Töten des Gegners waren danach straffrei, weil sie als Kriegshandlung grundsätzlich legitimiert schienen.

Da es den Begriff der Kriegsverbrechen noch nicht gab, behalfen sich die Alliierten mit dem Terminus »Gräueltaten«, die alle kriegswidrigen Handlungen gegen Zivilperso-

nen umfassten. Diese Gräueltaten spielten insbesondere bei der Besetzung Belgiens und Luxemburg eine Rolle. Deutschland hatte völkerrechtlich korrekt Belgien den Krieg erklärt, weshalb der Einmarsch zunächst legitimiert schien. Dass sich England und Frankreich an ihre Garantie, die belgische Neutralität zu achten, halten würden, war nicht ausgemacht. Der belgische Widerstand überraschte die deutschen Truppen, da sich die Belgier nicht in offener Feldschlacht stellten, sondern einen »versteckten Krieg« begannen, indem sie aus Hinterhalten immer wieder die vorrückenden deutschen Truppen angriffen. Durch diese Angriffe wurden die deutschen Truppen zunehmend verunsichert, glaubten sie doch, dass nicht nur belgische Soldaten sie angriffen, sondern diese ihre Uniformen abgelegt hätten und aus der Zivilbevölkerung heraus das Feuer eröffneten. Häufig begannen die Angriffe nachts, nachdem die deutschen Truppen belgische Orte besetzt hatten. Die Zivilbevölkerung wurde angewiesen, ihre Waffen abzuliefern, und falls geschossen werde, müsse mit entsprechender Vergeltung, also der Erschießung des Schützen sowie zusätzlicher Geiseln, gerechnet werden.

Aus Unachtsamkeit oder aus Kalkül heraus geschah in einigen Orten genau dies, die deutschen Truppen fühlten sich bzw. wurden tatsächlich angegriffen und übten – zum Beispiel nach dem Tode von Kameraden oder gar von Offizieren – teils äußerst blutige Vergeltung an den Dorfbewohnern. In Aerschot (Aarschot), Andenne, Dinant, Löwen, Monceau und Arlon sind solche Gräueltaten als Vergeltungsmaßnahmen nachweisbar. Aber auch an anderen Fronten und Frontabschnitten dürfte sich Ähnliches ereignet haben, nur sind diese Vorkommnisse bislang noch nicht untersucht und aufgearbeitet worden.

Nach dem Krieg versuchten die Alliierten diese Gräueltaten zu ahnden, doch verhinderte eine effektive Verfolgung das Zugeständnis, dass diese Verfahren vor dem deutschen Reichsgericht durchzuführen waren. Das Reichsgericht folgte der Auffassung, die Soldaten hätten lediglich Befehle befolgt und auch England und Frankreich in ihren Kolonien auf Aufstände ähnlich reagiert.

Die badischen und württembergischen Truppen unterschieden sich nicht von den übrigen Teilen der deutschen Armee. Gerade das württembergische XIII. Armeekorps hinterließ eine »Spur der Verwüstung«[105] in Frankreich. So erschossen Soldaten des 3. württembergischen Infanterieregiments Nr. 121 in Audun-le-Roman 13 Einwohner und brannten 388 der 400 Häuser nieder, »ohne jeden Grund«.[106]

Beim Einrücken in Longuyon, an dem die beiden württembergischen Infanterieregimenter Nr. 122 und Nr. 125 beteiligt waren, so berichten Kramer und Horne in ihrer Untersuchung der deutschen Gräueltaten, »nahmen [sie] 18 Dorfhonoratioren als Geiseln. Früh am nächsten Morgen setzte ein allgemeines Plündern [durch die Soldaten] ein. Als um fünf Uhr früh der französische Artilleriedonner ertönte, begannen die Deutschen den Ort niederzubrennen, und benutzten dazu zylindrische Feueranzünder und Benzin. Einige Einwohner erstickten in ihren Kellern, andere wurden niedergeschossen, als sie versuchten, aus der Stadt zu entfliehen«. Auch der Kommandeur des 7. württembergischen Infanterieregiments Nr. 125 unterstreicht die Situation, denn die Ereignisse seien auf »Plünderungen, Weindiebstahl und Trunkenheit unter den Soldaten« zurückzuführen. Horne und Kramer, die beiden Autoren der Untersuchung zu den Gräueltaten an der Westfront, resümieren: »Die blankliegenden Nerven der Männer und ein Zusammenbruch der Disziplin führten zu einer panischen Schießerei, bei der ein Soldat getötet wurde. […] Es gab keinerlei Beweise für einen echten zivilen Widerstand.«[107]

Auch die badischen Truppen verhielten sich ähnlich. So ist für die ersten Kriegstage bis nach der Schlacht von Mulhouse überliefert, dass die badischen Soldaten die elsässische Bevölkerung wie ausländische Zivilbevölkerung behandelten und mit Maschinengewehren grundlos auf Zivilpersonen schossen. Nach Darstellung der Kommandeure »habe sich die ansässige Bevölkerung an heimtückischen, feindseligen Handlungen gegen die deutschen Truppen beteiligt«. Daraufhin erließ der Kommandeur des XIV. Armeekorps »rücksichtslose Befehle«, um gegen Zivilisten vorzuge-

Kriegsverbrechen: Revigny-sur-Ornain wurde von Soldaten des badischen Infanterieregiments Nr. 116 niedergebrannt.

hen. Im Rahmen dieser Befehle wurden mehrere Zivilisten erschossen.

Das badische Infanterieregiment Nr. 116 brannte die Stadt Revigny-sur-Ornain nieder. General Stenger, der in Leipzig angeklagt und dort freigesprochen wurde, hatte am 21. August 1914 der badischen 58. Infanteriebrigade sogar den völkerrechtswidrigen Befehl gegeben, gefangengenommene und verwundete französische Soldaten zu erschießen. »Die Offiziere wurden darüber unruhig, doch Müller habe Ihnen gesagt, ›die Maßnahmen seien notwendig, da Generalmajor Stenger in Erfahrung gebracht habe, daß französische Truppen heimtückische Angriffe auf Deutsche ausführten. Auch seien keine Leute zum Abtransportieren von Gefangenen verfügbar‹.«[108] Außerdem gefährdete die Versorgung der Verwundeten die Umsetzung des Schlieffen-Plans, weshalb gerade in den ersten Kriegstagen solche Kriegsverbrechen geschahen. Auch war das Erschießen der hilflosen Gefangenen kein nur durch deutsche Truppen verübtes Kriegsverbrechen, sondern ereignete sich an allen Frontabschnitten und bei allen kriegführenden Nationen.

Mit seinem Bataillonsbefehl nahm General Stenger den sogenannten Kommissarbefehl des Zweiten Weltkriegs vorweg – eine der unzähligen Kontinuitäten von Gräueltaten und Kriegsverbrechen in den Kriegen des 20. Jahrhunderts. Dass das Leipziger Gericht Stenger freisprach und den geständigen Hauptmann Crusius, der von zahlreichen Aussagen von elsässischen und badischen Soldaten des Infanterieregiments Nr 112 bestätigt wurde, wegen Totschlags für zweieinhalb Jahre ins Gefängnis steckte, passt zum gezeichneten Bild der Kriegsverbrechen.

Die Ahndung der Kriegsverbrechen fiel auch deshalb so schwer, weil es nicht um Aufarbeitung der Ereignisse, sondern um formaljuristische Prozesse ging. Es brauchte erst die Kriegsverbrechen des Zweiten Weltkriegs, um das internationale Völkerrecht allgemein verbindlich zu machen. Die Lehre aus den Leipziger Prozessen für die Alliierten war, dass nur unter Bruch des allgemeinen Rechts mit Prozessen unter alliierter Führung, wie dies später mit den Nürnberger Prozessen geschah, Verbrechen gegen die Menschlichkeit geahndet werden konnten. Auch die Einrichtung des Internationalen Strafgerichtshofs 1998 weckt ein wenig Hoffnung auf eine zukünftige Aburteilung von hochrangigen Kriegsverbrechern, auch wenn bereits mit dessen Gründung klar war, dass sich nicht alle Staaten seinen Urteilen unterwerfen würden, so dass auch weiterhin das Völkerrecht von der Durchsetzungskraft einzelner Staaten abhängig sein wird.

Wie ging es im Südwesten weiter?

Das Kriegsende im November 1918 bedeutete lediglich die Einstellung der Kampfhandlungen und den Abschluss eines befristeten Waffenstillstandes. Theoretisch wäre die Wiederaufnahme der Kampfhandlungen nach Ablauf der vereinbarten Frist möglich gewesen, tatsächlich aber waren die

Ressourcen der Mittelmächte so erschöpft, die Bedingungen des Waffenstillstandes so klar, dass diese Option kein Realisierungspotenzial mehr enthielt. Mit der deutschen Einwilligung in den Waffenstillstand war daher auch das Eingeständnis der »totalen« Niederlage verbunden. Die Friedensbedingungen konnten daher nicht mitgestaltet werden, sondern wurden oktroyiert. Das Hauptziel der Alliierten war es, Deutschland die wirtschaftliche und militärische Führungsrolle auf dem Kontinent zu nehmen, daher betrafen die meisten Bestimmungen die deutsche Wirtschaft, indem insbesondere Rohstoffe wie Erze und Kohle nach Frankreich geliefert werden mussten, die Geldwirtschaft mit Reparationen belastet wurde und mit der Gewährung einer nur kleinen Armee kaum staatliche Nachfrage nach langlebigen Investitionsgütern (weniger nach Waffen als nach Fahrzeugen, Gebäuden usw.) geschaffen wurde.

Die Wirtschaft Württembergs und Badens trafen die Bestimmungen des Versailler Vertrages weniger hart, denn die diversifizierte und eher mittelständisch geprägte Wirtschaft kam mit den Anforderungen des Friedensvertrages besser zurecht als beispielsweise das Ruhrgebiet. Allerdings sollte sich die Nähe zu Frankreich für Baden nach dem Weltkrieg ins Negative verkehren, die sprichwörtliche »Grenzlandnot« entstand aus dem Umstand, dass man, wegen der Furcht vor einem französischen Angriff, kaum Industrieansiedlungen am Rhein zuließ. Die badischen und württembergischen Ökonomien waren schon vor dem Krieg eher exportorientiert angelegt und nahmen nun ihre alten Geschäftsbeziehungen nach Österreich, der Schweiz und Frankreich wieder auf.

Trotz dieser zaghaften Zeichen des Neubeginns überwogen auch in Baden und Württemberg die Probleme: hohe Arbeitslosigkeit, gerade in den Sektoren der führenden Maschinen- und Motorenindustrie. Die Entwicklung und Produktion großer Schiffs- oder Flugzeugmotoren war verboten bzw. fand nicht in auskömmlichem Maß statt. Firmen wie Daimler oder die Schwäbischen Hüttenwerke litten erheblich unter dieser Absatz- und Rohstoffkrise. Anfang der 1920er Jahre schlug die Stunde der inhabergeführten Kleinunternehmen,

Zaghafte Zeichen des wirtschaftlichen Neubeginns: Das Benz-Nutzfahrzeugwerk in Gaggenau um 1920.

denn da die Konkurrenz durch große Firmen ausgeschaltet war, probierten kleine Firmen ihr Innovationspotenzial aus, indem sie zum Beispiel eigene Flugzeuge konstruierten, wie das Unternehmen des Flugpioniers Klemm in Böblingen. Oder die Unternehmen versuchten ihre Produktpalette zu diversifizieren. Die Schwäbischen Hüttenwerke in Aalen konstruierten ein technisch anspruchsvolles, verhältnismäßig kostengünstiges Automobil, den SHW-Wagen.

Als mit der Hyperinflation 1923 allerdings der Geldwert vernichtet wurde und die Bestimmungen des Versailler Vertrages sich rasch lockerten, war den meisten dieser Initiativen ein Ende gesetzt. Die größeren Firmen mit ihrer besseren Kapitalausstattung und das verbesserte Exportergebnis württembergischer und badischer Firmen führten schließlich zum Wirtschaftsaufschwung der »Goldenen Zwanziger«.

Die Auffassung, der Versailler Vertrag sei ursächlich für die instabile Weimarer Republik und ein Faktor zur Erklärung des Erfolgs der Nationalsozialisten nach den 1930er-Jahren greift zu kurz, denn aus Sicht der Zeitgenossen brachte der »Schandfrieden von Versailles« vor allem eines: Frieden. Nach den zahllosen Toten, den dauernden Kampfhandlungen und der dauernden psychischen wie physischen Erschöpfung der ganzen Bevölkerung war der Frieden höher zu schätzen als alle Gebietsabtretungen und politischen wie wirtschaftlichen Repressionen.

Dass man nicht nur in Württemberg und Baden diese Lektion schon zehn Jahre später vergessen hatte, spricht nicht gegen Kaiserreich und Weimarer Republik, sondern ist Beleg für das kurze historische Gedächtnis ganzer Gesellschaften.

Ausblick und Fazit

Der sich 2014 zum 100. Mal jährende Tag des Ausbruchs des Ersten Weltkrieges kann nicht darüber hinwegtäuschen, dass der Erste Weltkrieg im historischen Gedächtnis der Bevölkerung kaum mehr verankert ist. Zwar stieg mit dem Weltkriegsjubiläum das allgemeine Interesse am Thema, doch Erinnerungen, Erfahrungen und Präsenz entfaltet der Erste Weltkrieg – ganz im Gegensatz zum Zweiten Weltkrieg – kaum. Zu stark haben sich die Erinnerungen und Erfahrungen des Zweiten Weltkriegs eingeprägt und überlagern die Erinnerung an die »Urkatastrophe«. In Frankreich und England ist dieses Erinnern und Gedenken an den Ersten Weltkrieg wesentlich stärker ausgeprägt und der Krieg als der »Große Krieg« noch immer lebendig. Die Erinnerung an den Ersten Weltkrieg wurde in Deutschland während der Weimarer Republik stark durch die gesellschaftlichen Gruppen bestimmt. Sozialdemokratische Politiker erinnerten sich anders an diesen als ehemalige Militärs wie Hindenburg oder einfache, konservative Wähler auf dem Land. Ausdruck des Gedenkens in den Städten und Gemeinden waren die Errichtung von Gefallendendenkmälern in und an Kirchen und von Erinnerungsstätten militärischer Einheiten, die tendenziell den Ersten Weltkrieg überhöhten. Diese verdrängten die Erinnerung an den Deutsch-Französischen Krieg 1870/71, nach 1945 wiederum geschah Gleiches mit den Denkmälern des Ersten Weltkrieges.

Mit der »Dolchstoßlegende«, nach der die Armee »unbesiegt im Felde« gestanden und der Zusammenbruch der Heimatfront die Kriegsniederlage zu verantworten habe, erwies sich zwar schon den Zeitgenossen als Legende, doch war sie eminent wichtig, um das konservative Lager zu einen und die »Schuld« am Krieg vom Militär zu nehmen. Auch andere »Erzählungen« vom Krieg gab es, vom heroischen Frontsoldaten, wie ihn der in Heidelberg geborene Schriftsteller Ernst Jünger in seinem Kriegstagebuch »In Stahlgewittern« präsentierte, von der leidenden Heimatfront, von den unfähigen Politikern, die durch die Militärs »gezwungen« worden seien, eine

Soldatenfriedhof und Gedenkstätte am Hartmannsweilerkopf im Elsass.

»falsche Politik« zu betreiben. Solche Erzählungen konnten sich auch im Laufe der Zeit wandeln: So wurde das bedeutende Buch von Erich Maria Remarque »Im Westen nichts Neues« nach seinem Erscheinen von Teilen der Presse verdammt und schließlich 1933 öffentlich verbrannt. Heute gilt es als eine im positiven Sinne vor dem Krieg abschreckende Lektüre und schonungslose Darstellung des sinnlosen Sterbens des Ersten Weltkrieges.

Auch die jüngere Geschichte kennt solche Legenden, sie sind nicht nur auf die Weimarer Republik beschränkt. Denn dass die Einführung des Frauenwahlrechts durch die hohe Beteiligung von Frauen an der Industriearbeit, insbesondere im letzten Kriegsdrittel, erreicht worden sei, scheint eine teilweise bis heute gängige Erklärung zu sein; dass dabei die längerfristige strukturelle Entwicklung von Frauenrechten und -bewegungen im Kaiserreich negiert wurden, sei nur am Rande erwähnt. Der Subtext einer solchen Deutung impliziert, dass der Weltkrieg zwar immense Opfer gekostet, aber »immerhin« das Frauenwahlrecht gebracht habe.

Solche Erzählungen haben in der Regel wenig mit der sich tatsächlich ereigneten Geschichte zu tun, wie sie aus den Quellen rekonstruiert werden kann. Und dennoch sind es gerade solche Erzählungen, die die Identität einer Nation konstruieren – unabhängig von ihrer historischen Faktizität – und damit schließlich selbst Geschichte werden und machen, wie dies wohl am bedeutsamsten für die Dolchstoßlegende gilt, die den Bogen vom Kriegsende des Ersten Weltkriegs hin zu den Gründen für den Ausbruch des Zweiten Weltkriegs schlägt.

Auch heute noch unterscheiden sich das Gedenken und die Erinnerung an den Ersten Weltkrieg zwischen den damaligen kriegführenden Nationen erheblich. Aus der deutschen Erinnerungskultur ist der Erste Weltkrieg mehr oder weniger verschwunden – vor dem Jubiläumsjahr wurde kaum der Ereignisse des Weltkrieges, der Opfer und Toten gedacht. Eine Ausnahme bildet der 9. November als Beginn der Revolution. Er gilt in der Erinnerung als Präludium der Weimarer Republik und wird kaum aus den Entstehungsbedingungen des Ersten Weltkrieges erklärt.

In Frankreich und England hingegen wird bis auf den heutigen Tag einmal im Jahr der Schrecken des Ersten Weltkrieges gedacht. Nahezu jeder Ort hat ein Denkmal für die in diesem Krieg Gefallenen, die hier auch mit Namen verewigt sind. Im Gedenken und der Erinnerung Frankreichs gilt der Erste Weltkrieg als entscheidend für die Geschichte des Landes. Die mustergültige Errichtung des Museums Historial de la Grande Guerre im französischen Péronne zeigt die kulturelle und staatliche Wertschätzung dieser Zeit westlich des Rheins. In Deutschland hingegen fehlt eine solches wissenschaftliches Zentrum zur Gänze. Die wichtige Weltkriegsbücherei Stuttgart – die die Literatur zum Ersten Weltkrieg, darunter auch nichtamtliche, »graue« Literatur, sammelte und schließlich in Bibliothek für Zeitgeschichte unbenannt wurde und mit ihrer Schriftenreihe wesentlich zur Erforschung von Verlauf, Wirkung und Auswirkung des Ersten Weltkriegs beigetragen hat – verlor ihre Eigenständigkeit und ist unter Verlust einer ganzen wissenschaftlichen Stelle der Württembergischen Landesbibliothek inkorporiert worden. Die Wertschätzung des Ersten Weltkrieges als wichtige historische Epoche ist bis zum Jahr 2014 in Deutschland (noch) nicht erfolgt, obwohl sich doch an diesen fünf Jahren so viel lernen lässt.

Anhang

Anmerkungen

Auf Wunsch des Verlages wurden nur die direkten Zitate belegt, dass aber dieses Buch auch aus dem Wissen und den Arbeiten anderer geschöpft ist, ist selbstverständlich. Um sich über die entsprechenden Forschungsergebnisse zu informieren, ist das Literaturverzeichnis heranzuziehen.

1 Marcuse, Mein 20. Jahrhundert, S. 61.
2 Körner, Mit den Badenern, S. 1.
3 Volkswacht, 27. Juli 1914, zit. nach Chickering, Freiburg, S. 35.
4 Volksfreund, 2. August 1914, zit. nach Chickering, Freiburg, S. 63.
5 Volksfreund 174, 30. Juli 1914, zit. nach Müller, Baden, S. 15.
6 Ludwig Frank an Wilhelm Kolb, 2. August 1914; zitiert nach Watzinger, Ludwig Frank, S. 164.
7 Müller, Baden, S. 21.
8 Freiburger Tagblatt, 27. Juli 1914, zit. nach Chickering, Freiburg, S. 63.
9 Engelbert Krebs, Tagebuch 25./26. Juli 1914, zit. nach Chickering, Freiburg, S. 63.
10 Freiburger Zeitung, 27. Juli 1914, zit. nach Chickering, Freiburg, S. 63.
11 Freiburger Zeitung, 27. Juli 1914, zit. nach Chickering, Freiburg, S. 63.
12 Freiburger Tagblatt, 27. Juli 1914, zit. nach Chickering, Freiburg, S. 63.
13 Chickering, Freiburg, S. 69.
14 Rommel, Infanterie greift an, S. 8.
15 Maerker, Biberach, S. 66.
16 Chickering, Freiburg, S. 69.
17 Wicki, Württemberg, S. 12.
18 Dreschflegel (18), 1. August 1914.
19 Tagebuch Anna Honikel, im Besitz des Verfassers.
20 TP, 6. August 1914, zit. nach Chickering, Freiburg, S. 69.
21 Honikel.
22 Honikel.
23 Honikel.
24 Hampe, Kriegstagebuch, S. 101.
25 Honikel.
26 Honikel.
27 Honikel.
28 Beutler, 2. September 1914.
29 Karl Hampe, Kriegstagebuch, S. 101.
30 Tagebuch Krebs, 8. August 1914, zit. nach Chickering, Freiburg, S. 63.
31 Tagebuch Paufler, 18.8.1914, zit. nach Chickering, Freiburg, S. 70.
32 Rommel, Infanterie greift an, S. 16/17.
33 Rommel, Infanterie greift an, S. 17.
34 Rommel, Infanterie greift an, S. 18.
35 Rommel, Infanterie greift an, S. 21/22.
36 Beutler, 26. August 1914.
37 Beutler, 28. August 1914.
38 Wicki, Württemberg, S. 21.
39 Beutler, 13. Mai 1916.
40 Beutler, 13. Dezember 1915.
41 Beutler, 20. Januar 1916.
42 Hampe, 21. März 1917, S. 516.
43 Beutler, 8. März 1916.
44 Beutler, 27. Juli 1918.
45 Beutler, 16. Januar 1918.
46 Beutler, 6. Juli 1916.
47 Beutler, 13. August 1915.
48 Beutler, 11. Oktober 1915.
49 Beutler, 7. März 1917.
50 Süddeutsche Monatshefte 1912/13, S. 119.

51 Hopbach, Unternehmer im Ersten Weltkrieg, S. 14, Anm. 85.
52 Mayer, Arbeitseinsatz, S. 383.
53 Hampe, 8. Mai 1915, S. 229.
54 Greinitz, Kriegsfurcht, S. 365.
55 Beutler, 10. August 1915.
56 Greinitz, Kriegsfurcht, S. 372.
57 Greinitz, Kriegsfurcht, S. 382.
58 Hampe, Tagebuch, 15. Juni 1915, S. 242.
59 Beutler, 4. August 1916.
60 Greinitz, Kriegsfurcht, S. 383.
61 Hampe, 14. März 1917, S. 512.
62 Hampe, 21. März 1917, S. 516.
63 Hampe, S. 209.
64 Müller, Baden, S. 452, Anm. 134.
65 Beutler, 18. Oktober 1915.
66 Müller, Baden, S. 398.
67 Chickering, Freiburg, S. 471.
68 Chickering, Freiburg, S. 474.
69 Müller, Baden, S. 78.
70 Müller, Baden, S. 79.
71 Müller, Baden, S. 79.
72 Greinitz, Kriegsfurcht, S. 187.
73 Greinitz, Kriegsfurcht, S. 199.
74 Greinitz, Kriegsfurcht, S. 220.
75 Greinitz, Kriegsfurcht, S. 189/190.
76 Beutler, 1. Juni 1916.
77 Beutler, 14. Mai 1916.
78 Greinitz, Kriegsfurcht, S. 189/193.
79 Moser, Württemberger im Weltkrieg, S. 63.
80 Beutler, 16. Mai 1916.
81 Beutler, 31. August 1916.
82 Kroner, Hohenzollern, S. 82.
83 Kroner, Hohenzollern, S. 82.
84 Osterbotschaft Kaiser.
85 Osterbotschaft Kaiser.
86 Hampe, 24. Juli 1915, S. 257.
87 Müller, Baden, S. 166.
88 Müller, Baden, S. 146.
89 Müller, Baden, S. 168.
90 Müller, Baden, S. 450.
91 Müller, Baden, S. 445.
92 Beutler, 18. Dezember 1916.
93 Dowe, Erzberger, S. 92.
94 Hampe, 9. Juli 1917, S. 566.
95 Michaelis u. a., Ursachen und Folgen, S. 37f.
96 Beutler, 20. März 1917.
97 Beutler, 22. Juni 1918.
98 Beutler, 13. August 1918.
99 Von Arz an Hindenburg, 28. Oktober 1918, zit. nach Bihl, Der Erste Weltkrieg, S. 270.
100 Dowe, Erzberger, S. 95.
101 Sauer, Wilhelm II., S. 299.
102 Sauer, Wilhelm II., S. 311.
103 Sauer, Wilhelm II., S. 290.
104 Rommel, Infanterie greift an, S. 300.
105 Horne/Kramer, Gräueltaten, S. 102.
106 Horne/Kramer, Gräueltaten, S. 99.
107 Horne/Kramer, Gräueltaten, S. 101.
108 Horne/Kramer, Gräueltaten, S. 512.

Quellen und ausgewählte Literatur

Die hier aufgeführte Literatur ist lediglich eine Auswahl zentraler Studien. Insbesondere die wichtige heimatkundliche Literatur wurde zwar durchgesehen, aber nicht im Einzelnen aufgeführt.

Quellen

Die Badener im Weltkrieg 1914–1918, Karlsruhe 1935.

Feldpostbriefwechsel Speh/Beutler, im Besitz des Verfassers.

Hampe, Karl: Kriegstagebuch 1914–1919, hrsg. von Folker Reichert (= Deutsche Geschichtsquellen des 19. und 20. Jahrhunderts 63), 2. Auflage, München 2007.

Körner, Friedrich Theodor: Mit den Badenern. Von Mülhausen bis in die Champagne. Erinnerungen eines Mitkämpfers, München 1917.

Marcuse, Ludwig: Mein 20. Jahrhundert. Auf dem Weg zu einer Autobiographie, München 1960.

Moser, Otto von: Die Württemberger im Weltkrieg. Ein Geschichts-, Erinnerungs- und Volksbuch, Stuttgart 1927, 2. Aufl.

Osterbotschaft des Kaisers. In: Huber, Ernst Rudolf, Deutsche Verfassungsdokumente 1900–1998 (Dokumente zur deutschen Verfassungsgeschichte 3), Stuttgart ^{3}1990, Nr. 100, S. 152 f.

Rommel, Erwin: Infanterie greift an. Erlebnis und Erfahrung, Potsdam 1937.

Süddeutsche Monatshefte 1912/1913. Reihe »Die württembergischen Regimenter im Weltkrieg«, hrsg. von H. Flaischlen, Stuttgart 1919.

Tagebuch Anna Honikel, im Besitz des Verfassers.

Auswahlliteratur

August 1914. Hrsg. vom Deutschen Literaturarchiv Marbach, Marbach 2013.

Bihl, Wolfdieter: Der Erste Weltkrieg. Chronik, Daten, Fakten, Wien 2010.

Chickering, Roger: Freiburg im Ersten Weltkrieg. Totaler Krieg und städtischer Alltag 1914–1918, Paderborn 2009.

Dowe, Christopher: Matthias Erzberger. Ein Leben für die Demokratie, Stuttgart 2011.

Enzyklopädie Erster Weltkrieg. Hrsg. von Gerhard Hirschfeld u. a., Paderborn 2004.

Ferguson, Niall: Der falsche Krieg. Der Erste Weltkrieg und das 20. Jahrhundert, München 2013.

Greinitz, Christian: Kriegsfurcht und Kampfbereitschaft. Das Augusterlebnis in Freiburg (= Schriften der Bibliothek für Zeitgeschichte N.F. 7), Essen 1998, zugl. Univ.-Diss. Freiburg 1996.

Hirschfeld, Gerhard; Krumeich, Gerd: Deutschland im Ersten Weltkrieg, Frankfurt a. M. 2013.

Hopbach, Achim: Unternehmer im Ersten Weltkrieg. Einstellungen und Verhalten württembergischer Industrieller im »Großen Krieg«, Leinfelden-Echterdingen 1998, zugl. Univ. Diss. 1996/1997 Universität Tübingen.

Horne, John/Kramer, Alan: Deutsche Kriegsgräuel 1914. Die umstrittene Wahrheit (= Hamburger Edition), Hamburg 2004.

Keegan, John: The First World War, London 1998.

Kroner, Michael: Die Hohenzollern als Könige von Rumänien. Lebensbilder von vier Monarchen 1866–2004, Heilbronn 2004.

Machtan, Lothar: Prinz Max von Baden. Der letzte Kanzler des Kaisers, Berlin 2013.

Maerker, Ursula: »Die Kriegszeit ist eine harte Zeit und sie wird um so härter, je länger der Krieg dauert.« BC Heimatkundliche Blätter für den Kreis Biberach 29,1 (2006), S. 65–78.

Mayer, Karl J.: Der Arbeitseinsatz von Kriegsgefangenen in Württemberg im Ersten Weltkrieg, in: ZWLG 67 (2008), S. 367–441.

Michaelis, Herbert; Schraepler, Ernst (Hrsg.): Ursachen und Folgen. Vom deutschen Zusammenbruch 1918 und 1945 bis zur staatlichen Neuordnung Deutschlands in der Gegenwart. Eine Urkunden- und Dokumentensammlung zur Zeitgeschichte. Band 2: Der militärische Zusammenbruch und das Ende des Kaiserreiches, Berlin 1958/1959.

Müller, Klaus-Peter: Politik und Gesellschaft im Krieg. Der Legitimitätsverlust des badischen Staates 1914–1918, Stuttgart 1984, zugl. Univ. Diss. Universität Freiburg im Breisgau 1984.

Sauer, Paul: Württemberg im Kaiserreich. Bürgerliches Freiheitsstreben und monarchischer Obrigkeitsstaat 1871 bis 1918, Tübingen 2011.

Sauer, Paul: Württembergs letzter König. Das Leben Wilhelms II., München 1994.

Strachan, Hew: The First World War. Band 1: To Arms, Oxford/Berlin 2011.

Watzinger, Karl Otto: Ludwig Frank. Ein deutscher Politiker jüdischer Herkunft, Sigmaringen 1995.

Wicki, Hans: Das Königreich Württemberg im Ersten Weltkrieg. Seine wirtschaftliche, soziale, politische und kulturelle Lage, Bern 1984, zugl. Univ. Diss. Universität Zürich 1983/1984.

Bildnachweis

Archiv der Robert Bosch GmbH, 3-HK-03609: Seite 92.
Archiv Annegret Kotzurek: Seite 115.
Bundesarchiv: Seite 179, 209.
Daimler AG: Seite 158, 209.
Sven Fiedler: Seite 212.
Landesmedienzentrum Baden-Württemberg: Seite 17, 8, 36, 60, 64, 81, 112, 137, 170, 176, 189, 191, 203.
Library of Congress: Seite 50/51, 73, 101, 108, 139, 141, 145, 146, 148.
Pfinzgau Museum/Stadtarchiv Karlsruhe, U_I_561: Seite 86.
Stadtarchiv Karlsruhe, 8_PBS_oVI_78: Seite 41.
Stadtarchiv Karlsruhe, 8_PBS_VI_271: Seite 48.
Stadtarchiv Karlsruhe, 8_PBS_oVI_114: Seite 64.
Stadtarchiv Karlsruhe, 8_PBS_VI_259: Seite 82.
Stadtarchiv Karlsruhe, 8_PBS_X_1104: Seite 88.
Stadtarchiv Karlsruhe, 8_PBS_oVI_262: Seite 91.
Stadtarchiv Karlsruhe, 8_PBS_oVI_297: Seite 94.
Stadtarchiv Karlsruhe, 8_PBS_oVI_96: Seite 95.
Stadtarchiv Karlsruhe, 8_PBS_oVI_272: Seite 97.
Stadtarchiv Karlsruhe, 8_PBS_oVI_298: Seite 98.
Stadtarchiv Karlsruhe, 8_PBS_oVI_194: Seite 116.
Stadtarchiv Karlsruhe, 8_PBS_oVI_196: Seite 118.
Stadtarchiv Karlsruhe, 8_PBS_oVI_67: Seite 121.
Stadtarchiv Karlsruhe, 8_PBS_oVI_218: Seite 123.
Stadtarchiv Karlsruhe, 8_PBS_oVI_69: Seite 124.
Stadtarchiv Mannheim/ISG: Seite 105.
Stadtarchiv Mannheim/ISG, AB02108-003: Seite 34.
Stadtarchiv Mannheim/ISG, KF037948: Seite 126.
Stadtarchiv Ulm, WKI-1.1: Seite 15.
Stadtarchiv Ulm, WKI-2.2b: Seite 44.
Stadtarchiv Ulm, WKI-2.2c: Seite 56.
Stadtarchiv Ulm, WKI-4.3: Seite 85.
Stadtarchiv Ulm, WKI-9.1_B377: Seite 134.
Stadtarchiv Ulm, WKI-5.1_G731: Seite 187.